JN274292

わがかくし念仏

阿伊染徳美
Ayzen Tokumi

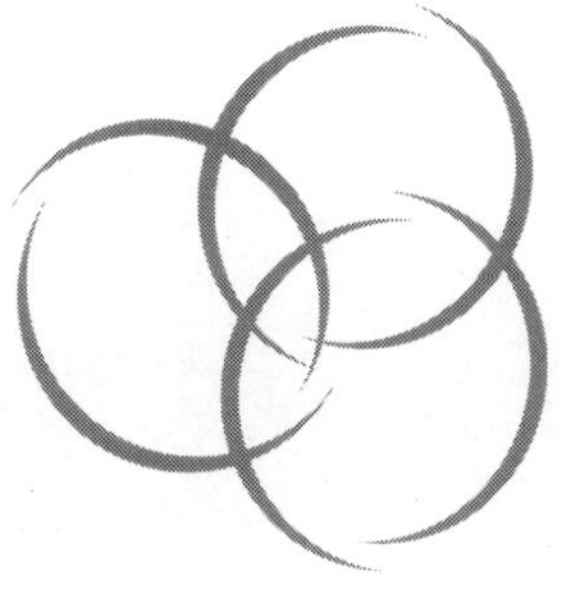

社会評論社

わがかくし念仏＊目次

◆本文さし絵　阿伊染徳美

わがへらめき

文字をつくる

1

オレが言葉に強烈な関心を最初にもったのは、キリストの伝道団にいたときのことだ。アメリカ人と日本人がまじってる伝道団なんだが、驚いたのは、なかの日本人が、トニー谷みたいな日本語をしゃべるんだ。岩手、青森、北海道出身の農家の二、三男なんだけれど、二、三年、伝道団にいるうちに、日ごろのくらしでもそうなってしまう。たとえば伝道にいって、

「ワッタークシ、イエスキリストノォ、シンジャデース、ミナサンニ、イエスキリストノミメグミニツイテ、ツタエタイト、オモイマース」

なんて在郷(ざいご)のオドやアバつかまえてやっている。普通の東北弁で言えば、

「オレはキリストの信者だども、お前(め)だぢに聞かせでえがら、ひとづ聞いてけねすか」と言えばいいんで、現にオレはそうやったんだ。ところがそうやると、オレだけが仲間(なかば)から浮き上がった恰好にな

っちまう。

オレにもっともショックだったのは、長谷川という同じ土地の出身の奴までが、モノスゴーク、人工的に落ち着いちゃって、

「カミノー、ミチビキニ、シタガワナケレバ、イケマセーン」

なんて言う。オレは鳥肌立つわけだ、ムシズが走って塩梅わるくなった。毎日のくらしでいつも、

「トクミィサーン（徳美——オレの名）」

とくるわけなんだ。オレと同じとなりの百姓がさ、トクミィサーンなんて言われたんじゃ下痢になっちまうよ。だから、

「オイ、ヨシヒサ（長谷川の名）ホントーニなッ、ナニシテ、汝は、ソンタナ言い方になってしまたのだ。オレも洗礼をうげだども、なんもそんたなどごまでもって行がれね。汝は物凄く卑屈な面になってるんじゃねのが」とかなんとか、寝ないで、一晩中、言ったたって彼は無視するわけさ。

「言葉ノ発音ハ、問題デハナイデース。イマ必要ナノハ、アナタガ、カミオゥ信ジマスカ、信ジマセンカ、ソレダケデース」

オレはがっくりした。それでオレは外人連中にもこう言ってやった。

「ポーロさん、あんたがたは意味が通じるような言葉は確かにしゃべっている。しかし、言葉というのはそういう問題だけじゃないとオレは感じる。ワタクシワア、ソウデースなんて言ってたんじゃ

あ、いつまでたっても外人ですよ。だからポーロさん、あんたの日本語はまるでヘダクソだ。あんたにこういう強烈なことを言うものがいなかったということは、極端な話が、あんたが、この東北で骨を埋めるのなら、非常に不幸なことだ。オレのような現地人がこうやって批判することは、信仰のためにも大事なことだ」

オレがこう言ったら、ポーロ・ブローマンはさすがに、

「トクミサーン、いいこと言ってくれた。そういうことが得られないために、確実な諸外国語を、アメリカ人は今まで得られないできたということがある。我々はいつも謙虚にそれを思いながら、初心に帰って勉強しなければならない。ドモ・アリガトウ」

と言った。相当エライ奴なんだ、ポーロは。結局、岩手の女を嫁にして、今も丸森に住んでいる。

とにかく、伝道団の連中は、日本人、アメリカ人を問わず、やっていることは非難できないほど、素晴らしい。一年中、岩手、青森、宮城の一帯を、ジプシーのようにテントかついで歩きまわって、一軒のこらず、一人のこらずに、神の言葉を伝えるわけだ。誰かが山へ仕事に行っていると聞いたら、山まで追っかけて行く。それは徹底してた。お寺でも、神社でも、キリスト教の教会へでも、容赦なくはいって行く。寄付もお布施も一切うけない。夜はテントを張って、ワラを敷き、寝袋でねる。冬は零下十何度にもなるんだけれど、不思議に平気だった。電灯はもちろんない。食うものは麦粉のそばがきみたいなものだった。転々と移動して、「家、親兄弟姉妹を捨てて、十字架を背負って、我

があとをついて来い」というキリストの言葉にほんとうに従ってるんだから。共鳴してついて来ようというものがあると、一緒に連れて行ってしまう。信仰の人攫いなんだ。親が呼び戻しに来てさわぎになったことが、何度もある。オレなんかも似たようにして、はいったんだが、言葉のことだけはまいった。オレの周りの百姓出身といわず、町出身といわず、みんなへんになってしまうんだ。

ところが、その親友の長谷川のことなんだが、これが不思議なことに、その後、東パキスタンに八年間も伝道に行って、帰ってきたときには、完全にもとのズーズー弁に戻っていた。だから、あのへンテコな日本語は抜けたんだ。アメリカ人から解放されたんだ。

「自分の言葉」とひとくちに言っても、いろいろある。第一、「自分」と言っても、実存主義で言うような自分もあろうし、同じ村の仲間に融け込んでいるような自分もあるわけだ。けれど、「自分の言葉」といえるものは、何か力があるんじゃないか。自分を動かすし、他人をも動かすような感じの言葉だと思う。オレなんかが、標準語でしゃべると、力が抜けるような気がする。

オレたちは伝道して歩いていて、すごく議論したんだが、今から考えると、あれは言葉の問題だったんだなあ、と思うことが多い。「ヒューマニズムという言葉を使うのをやめよう」という議論を、テントの中で、幾晩もぶっつづけにやったことがある。

「ヒューマニズムというと、どうしても人工性がはいってきてしまう。アメリカの黒人は可哀そうだ、だから親切にしてやらなければ……という具合に、人工調味料がはいっていやらしくなるんだ。自分にはそういういやらしいところがあるということを認めて、自分は汚ないものなんだということを徹底的に認めてね、ただ、ただ信仰の、神の霊によって動けばいいんだから、もうヒューマニズムもやめよう」

こういうことになった。とにかく霊で行こうということで、アメリカ人も日本人も、テント会議で一致したんだ。感激したねえ。

はじめ、アメリカ人は、戦後まもなく、おくれた日本人に布教してやりましょうと思ってやってきたんだ。だけど、彼らがヒューマニズムという言葉をやめた頃から、その気持を捨てちまった。だんだん、神の前の平等ということになって、自分たちの権威を自分でとっぱらっちゃった。確実にとっぱらったのを見たんで、オレは、これはホンモノだと思ったね。

オレは、あとで詳しく書くけれど、岩手県和賀郡のかくし念仏（クロポドゲ）の本流を伝える家の出身で、キリストとの出会いも不思議な因縁なんだ。それはとにかく、「八万巻の経蔵をつむとも、一回の信心にはかなわない」とかくし念仏では言ってるんだが、それと同じところへ、教団の連中も到達するんだ。ポーロたちも、

「聖書全部読む必要はない。〝おお神よ〟でも、〝ギャー〟でもいいんだ、心の中で信じていれば、それだけで天国へ行ける。極端な話が洗礼も受ける必要がない」

こんなふうになっちまった。普通の教会の方は、ますますおこって、「そんなのはキリスト教じゃない」って、大変な非難だ。アメリカの本部ともマズクなって、金が来なくなって、行商や日雇いに出て食ったりした。全員がだよ。そこで、オレたちの方は、「そんなら、キリスト教じゃなくてもいいよ」というわけだ。ただ、キリストの霊を直接的に受け入れた大変なものだという誇りをもっていた。十五年くらいかかって、結局、そこへ来てしまったんだ。

それで面白いのは、アメリカ人の連中も、だんだん、アメリカ人でなくなってきちまった。彼らは町でアメリカ人をみると、「あれはアメリカ人だな」と言う、そういう言い方なんだ。そして、「アメリカ人は、絶対、おまえたち黄色人種をキライなんだよ。たとえ握手しても、あとで、手を洗ってるんだ」

なんて教えてくれる。ホントかどうか知らないけれど、随分、妙なことも打ち明けてくれるようになったわけだ。

こんなふうに、次第に融け合っていったんだが、ただ一つだけ残ってた点がある。彼らは、自分らの権威をキリストの前においてとっぱらったわけだ。だからキリスト信者でない人間のやってることは、全部間違い。共産主義なんかは、平等とかなんとかでは非常に似ているけれども、イエスキリストを認めないから、絶対にダメだとなっている。似ていてインチキだから、よけい悪い。オレのうちのクロポドゲなんていうのも、全然、邪教あつかいなんだ。一番いやなのは、なにかで伝道団を出てクニへ帰りたいなんていう人がいると、悪魔のようにののしる、帰るときは一切クチもきかない。オレはそいつの荷物をもって汽車まで送っていってやるんだが。そこのところで、オレは違うんだ。結局、オレが伝道をやめて、東京へ行くことになった原因のひとつだな、それはあとの話だが。——それはとにかく、かくし念仏と伝道者の考えとは、とてもよく似てる。オレの家のオバなんか、何回、伝道者の話を聞いても、

「あんまり渋谷地講（クロポドゲ）と同じだから、今迄通りでいい」

と言うぐらいだ。本部本山なし、お布施なし、何もなし。極端な話が二二〇年前に、山崎杢左衛門や百姓の武七はじめ小原助作たちがやったかくし念仏の伝道と、それから二百年後、オレたちがやったキリスト伝道とは非常によく似ている。ただ、かくし念仏は、二百数十年の伝統をもっているけれど、この伝道団の方はまだ三十年たらずの伝統だから、コチコチで、柔軟性がないんだ。

オレは、いま自分を考えると、やっぱり念仏宗徒で、伝道団の人たちからいただくものはいただいてしまって連綿と続いている、日高見の国の流れに漂っているのかなあ、なんて思う。日高見国というのは、新井白石の『古史通』からの発想だが、常陸より東方にある国で、ヤマトよりもっと古い文化のある所だ。縄文土器だって、こっちに素晴らしいのがあるんだし、最近は高橋徳夫らが旧石器文化を和賀仙人で発見し、一万八千年前の人跡を辿ろうとしている。

2

オレが育った岩手県和賀の谷間には、混沌として大変なものがある、という意識がいつもオレの中にあるわけだ。たとえば民間伝承でも柳田国男の『遠野物語』とそっくりなのがあるし、もっと他のものも一杯ある。民謡だってそうだ。「南部牛追い唄」なんか、オレたちの谷で生まれたもんだ。それに、なんて言ったって、クロポドゲの二百数十年の、弾圧と反抗、持続、連帯の人民の歴史がある。そういうものをオレは語り伝えなくちゃいけないと思った。ところが言葉ではしゃべれるんだが、どうしても文章に書けない。五十音図に発音が乗り切らないんだ、アレはヤマト文化の産物だから、日高見の国の心が伝わらない。これには困った。発音記号的なものをいろいろ使ってみたが、面倒すぎるし、字づらがこわれるしでうまく行かない。それがあるとき、アイデアがひらめいた。要するに、新しい文字、日高見の発音をとり入れた新しいアイウエオを作ればいいんだ！　論より証拠、オレのつくった文字を見て貰いたい。

表をみるとすぐ判るように、アイデアはごく単純で、オレの郷里で広く発音されているæの音を入れた五十音図をつくったわけだ。その字体も、オレは絵かきだから、従来の文字の中へまじっても美しく調和するようにと苦労した。最初に「あ」(æ)の字をつくったときは、ドキドキしたね。次に「か」kæはどうだ、これも出来る、という具合に、ドキドキドキドキしながら、結局三十の文字が一瞬のうちにできた。

オレはこの字をもって、東京から郷里へ帰って実際にためしてみた。みんなが酔ったぐれでさわいでるときに、

「家のあたりの言葉は、オレの字で全部かける」

〔あいぜん文字表〕

あ	か	さ	た	な	が	ざ	だ
ア	カ	サ	タ	ナ	ガ	ザ	ダ
æ	kæ	sæ	tæ	næ	gæ	zæ	dæ
は	ま	や	ら	う	ば	ぱ	が
ハ	マ	ヤ	ラ	ワ	バ	パ	カ
hæ	mæ	jæ	ræ	wæ	bæ	pæ	ŋæ
し	ヒ＝	せ	ち	じ＝	ぢ	ビ＝	ぜ
シ		セ	チ	ジ	ヂ		ゼ
ʃæ	ʃe	ʃe	tʃæ	dʒæ	dʒæ	dʒe	dʒe

〈原形〉
こんどはこたに
わりゃのごどばがりで
くるしまなぁよろに
うまれでくる

〈文字使用例〉
こんどはこたに
わぬのごどばがりで
くるしまなぁように
うまれでくる

〔宮沢賢治永訣の朝〕

〈原形〉
いんぬ来ぬはずはな
今ぐさ香がする
ものといふ

〈文字使用例〉
いんぬ来ぬはずはな
今ぐさ香がする
ものといふ

〔柳田国男遠野物語〕

と言ったのさ。集まった連中は、小学校以来、訛の点では、もっとも泣かされてきたのが揃ってるわけだ。

「字なんぞで、書けるもんではねッ」

と部落の長老はじめ全員が言ったんだよ。

「また本家のオンヂ（オレのこと）が、デケェごどいう。画かぐどが、キリストになったどが、帰ってくるたんびハンカクセェごど言う」

というわけだ。だからオレは、

「よーし、なんぼ早く、なにしゃべったってええ、ほらしゃべれ」

で、オレはサァーと記録した。みんなビックリして、これは相当なもんだ、こんどはホンモノだと、次から次へ盃もってきて、

「まんず、いっぺェやれ、オレがしゃべれば、オメモかきとめれねがべ」

とパーッとしゃべる。それをオレは大急ぎでパーッとかいて、一字一字指さしながら、その通りに発音すると、さすがに感心して、「参った、参った」ということになった。

　実はこれは、去年、オレのオヤジが死んだときのことで、八幡の森の焼き場で、オヤジがボンボン燃えてる所でやったんだ。焼くのにヒマがかかるから、村の人が酒のんで待っていたときなんだ。いい供養になった。

今までに、東北弁というものを正しく書き表わすことが出来なかったがために、東北弁の中にこもっている語感、ことだまが、ひとつも伝わらなかった。宮沢賢治の詩だってそうだ。賢治は、オレのとこの近くの花巻弁で絶叫してるんだ。例えば有名な、

「くるしまなぁ(1)ようにうまれでくる」（永訣の朝）

「こない(2)だもボダンおれさ掛げらせだぢゃい(3)」（風林）

「おりこひめこを載せなぇ(4)でヤマハ、のせた」（柳田『遠野物語』）

これを東京弁で、ガッコの先生（しぇんしぇ）が読むと、傍線のところが、（1）「ナア」、（2）「ナイ」、（3）「ヂャイ」、（4）「ナエ」と発音され、原作者の表現しようとした発音はけしとんでしまう。音楽がと切れる。この部分は、和賀では、

（1）「næ」、（2）「næ」、（3）「dʒæ」、（4）「næ」のように発音される。東京弁で読むことは、まさに、「ワッタークシ」と同じ現象なんだ。それが、今や、賢治の生まれた土地の近くでも、ガッコの先生（しぇんしぇ）はそれをやっている。「文化」という外国人によって言葉を奪われたんだ。

こういうことは、東京でもあるなあ。オレは酔っぱらってドナッてるとき、「オマンコ」なんてすぐ言える。こっちはなんとも思わないんだから。ところが同じものをオレンチの方では、「ケッペ」というわけ。これを言うのはとてもつらい。今は我慢して書いてるが、全身がヌレヌレに濡れるような気持のワルーイ、赤貝のサシミを一皿生呑込み（いぎのっこ）するような、やり切れないものがある。

オレのことを師匠師匠といってくる、田端神明町生まれの、芸者に育てられたという男がいるんだが、彼がオレに言うんだ。

「師匠が、今後、そんな大きな声で、こんなコンパみたいな所で、ソレを言ったら、私は一緒につきあいきれないっすよ」

オレが、なんだ、どうということないじゃないか、オマンコなんて、と言ったら、奴さん、

「いや、絶対にダメダ……ヒェーッ」

といって、店から飛び出しちまった。だから土着の言葉はどこの土地にでもあるんだ。それは土地の霊をもっているから相当強力だ。ことに性的な言葉はそうだ。

　へへのへら骨(ぼね)さ　なだの刃も立だぬ
　への子(ご)やさしぐすり込(ご)まる

これは名歌だ、万葉東歌第一の歌に比すべきものだ。わざと註釈はつけないから、二、三度、くちずさんで風韻を味わってほしい。

これを、うちのひいバアさんのハギが子守唄として、オレにきかせてくれた。オレが中学二年のとき死んだんだけど、オレは感動してきいていた。まさにその通りだと思って——。やったことはない

けど、当然その通りだろうと思っていた。ひいバアさんはいつも、女は心はこばんでも身は従うものだ、と言っていた。だから身持をしっかりしなければいけないというんだが、これもまたやむを得ないときがある。なにしろ、粟まぐ（伜の嫁に通ずること）ことなんて昔はよくあるんだから。そのとき、かくし念仏が登場する。クロポドゲは人間のあらゆる罪を許すわけ、阿弥陀如来四十八願だから、キリスト教が救えないものも救う。ポーロはオレに向かって、

「オマエは地獄行きだ。長谷川はマージャンしながらでも天国へ行ける」

と宣言した。ところが、我が念仏宗徒は、発想にもそんな言葉は出てこないわけだ。誰が救われて、誰が救われないなんてことは、神様のいうことだ。

信仰の話にソレてしまったが、民謡の話にもどすと、東北の歌にも卑屈なのがあるんだ。例の「南部牛追い唄」のうたいはじめは、

いなかなれども、南部の国はさ、西も東もかねの山

とうたい出すんだが、「いなかなれども」と中央へ卑屈になっている姿勢がある。田植踊りの中のホメコトバというのがあるんだが、これも語り手が、「右も左も知らねども」と泣きくどくが如くにして群集の前へ出てくる。卑下があるんだな。屈折したプロテスト・ソングとして評価することもできるが、そういうもの以前の、もっと大らかな、健康な民衆の歌の方がオレは好きだ。ヤマト文化に対抗し、かつてはさらにエネルギーに富んだ日高見の文化の源流へさかのぼるのは、さっきあげた「へ

へのへら骨」の歌の心へ戻って出発すべきだとオレは思う。なんら、中央とか地方とか、卑下とかに毒されない、そこで生まれ、食べ、まぐわいし、死んでいったやつにしか、あんな歌はうたえない。これは、人間の本源的なところへ届いている。こうした人間の根元のところへ、威張りもせず、追従しもせず立つ、というのがオレの理想だ。

しかし、今、村にいる連中は、東京へ出てきてしまったオレよりも、古い言葉を覚えていない。オレに「へへのへら骨」を教えてくれたようなバアさんに恵まれていないからだ。若夫婦だけでこどもつくるとダメになるね。それにガッコで、大正リベラリズムだかに毒された先生に教わった連中は、年輩者でも全部、ハナハト、マメマスとかサイタサイタになってしまった。今はもちろん、もっとひどい。

オレのハギひっこさんは、いい言葉、まあ、名言だな、それをいくつも残しているんだが、「七度(しちど)の餓死にあうたて、一度(えちど)の戦(えくさ)にあうな」というのもその一つだ。こういって、戦争中、兵隊や満蒙開拓志願で出かける男どもを、いさめてたんだ。あれは、オレのハギひっこさんのヒイバアさんが言った言葉を受けついできたのだ。最初にそう言ったバアさんというのが、秋田征伐をまのあたりにみて、そういったんだ。秋田征伐というのは、維新の頃、秋田が若干、官軍側についたために、奥州諸藩が連合して征伐した戦争だ。このとき、オレたちの村は同じ南部藩なのに、そこを通る盛岡方の兵隊に徹底的にやられた。あらゆる女はつかまえられ、犯され、男は荷物運びに徴発された。村の連中は山の中へ逃げ込んで、ヒタかくれにかくれたんだ。とにかく、どっちが勝ったにしろ、ひどい目に合うのは、オレたちの村だ。

　ところで一方、我々の所で、餓死というのがどれだけのことかというと、南部和賀地方は、日本最高に、キキンの回数が多い。徳川時代から今までの三五〇年間に一三〇回以上のキキンがあった。例の菅江真澄もその頃、ここを通ったはずなんだが、そこのところの旅日記はみつかっていない。こうしたキキンと戦の体験をつぶさになめたバアさんが、「七度の餓死にあうたて、一度の戦にあうな」と言いのこしたんだから、これは今の反戦だ、平和だ、と叫ぶより、ずーんと重みがある。渋谷地念仏講中の人たちは、明治以後も、戦のたびごとに、この言葉を言いつづけてきた。かくし念仏というのはこういう言葉で生きているのだ。権力からも、中央と称するものからも、全く自立していて、だまされない。「かくれ」、また「かくし」ながら蜒々二百数十年、和賀の谷間に生き続けているんだ。

3

　オレの体の中には音楽が流れている。

　萱屋根の屋根替えなんかの共同作業をするとき、部落中の人が集まって、歌の掛け合いが、打てば響くように行なわれるわけだ。オレの家なんぞ、五間梁の大屋根で、二十年に一度の屋根替えということになると、秋ぱの仲間の結で、みんなが集まってくる。男も女も、こどもも、それぞれ一人前の仕事があるんで、そりゃあ賑かなものだ。仕事が一しきりつくと酒だ。踊るやつあり歌うやつありで、

「仕事」がそのまま「遊び」なんだ。そういう共同体の気分が、オレの体の中へ今も流れていて、何をやってもソレが出てくるわけだ。田植えだってそうだった。いわば、ムラにとって、「ハレ」の日なんだ。それが今や、どうなったか、トラクターとコンバインで何がこわされたのかということはまた別に語ろうと思う。

それに、そうした「ハレ」の日だけでなく、「ケ」の日でも、たとえば、誰それがオマエのことをこのように言っていた、ということなんか、その人になり切って、イタコのようにしゃべる。悪口がまたナマナマしい。〝フルダ〟(墓)とか、〝ビッキ〟(蛙)とか、〝ごばかたれ、され〟とかね。〝され〟というのは〝去れ〟じゃなくて、気勢をそえる言葉だ。〝バカタレ〟の〝タレ〟みたいなものだが、〝バカタレ、サレ〟とも言うんだからいわばダブルパンチだ。「クッサレモノ、サレ」なんて言われると迫力があるね。こういう話をすると、「土俗」の言葉の力なんてことをよく言われるが、オレは土俗なんて言葉は好きでない。自分の方は棚に上げて、他人の、ことに地方といわれる所に、押しつけて、この言葉を使う感じがつよいからだ。なかには、東京の連中の好みを先どりしちまって、それに合うような「土俗」を演じて売っているのもいる。これは、さっきのワッタークシや、デースとは、もう一つ違った、手のこんだ卑屈さだ。

東北の人間というと、牛のようだとか、重厚寡黙だとかいうけれど、実はものすごいへらめき(多弁症)が多い。オレでも東京へ来た当座は、心の中で東京弁に反訳して、ドモリのように話したから、そうみえたかもしれないが、実は違う。津軽ジョンガラ節ひとつ聞いたって、それは判ると思う。しゃべりの中に、ムラの寄り合いのさわぎの音楽性が流れているんだ。宮沢賢治なんかも、そういう村々町々の連中の代表者にすぎない。

オレの同級生のお袋は、賢治の詩に出てくる、トシコの同級生だった。それから聞いた話によると賢治は、あの有名な、いろんな詩が出来ると、デゲダーッ、デゲダーと叫んで、はだしでバッと外へ飛び出して、草ッ原に出て、気ちがいのようにころげまわるんだそうだ。そして、聞いてくれ、聞いてくれ！　っていうんで、みんなもあきれながら、まあ一応、聞いてやる、そういう具合だったらしい。

賢治の家も、かくし念仏の波をかぶった家だった。だから、かくし念仏をうたった詩がある。指導者の「先生さま」のことをね。そこから、あの賢治だけがぬけ出して、南無妙法蓮華経へ行った。オレの家からただ一人、オレがキリストへ行ったのと同じだ。オレは普通のクリスチャンの家に生まれた連中以上に、キリストを吸収しようとあせったんだが、宮沢賢治が、ホケキョー、ホケキョーというのもそれじゃないだろうか。とにかく、賢治の詩に流れている音楽は、オレの故郷の土地のものだ。

オレはいま、琵琶の修業に夢中になっている。これも、言葉と音楽性との統一が琵琶によく現われているからなんだ。あれほどの楽器なのに、琵琶を、それだけで演奏するということはまずない。武満徹がやっているけれど、これは、ヨーロッパのオーケストラの唐人お吉のような演奏なんだ、オレから言わせるとね。「ノヴェンバー・ステップス」なんて相当いいものですよ、しかし、「へへのへら骨」の域に達していない。せいぜい、牛追い唄の、「いなかなれども……」の程度だ。

実はオレが十年来、書きためているものがあって、琵琶の都錦穂先生に一部分をみせたら、これは琵琶に乗る、といってくれた。以下のようなものだ。

「今日和笠あがぐひろげて綱渡りしている女侏儒は、向村の下村生れにて、大旦那親にもぢながら、まわる因果の蛇の目笠。いわれを問えばその昔、まだ下村が竃けえさね前に、旅巡りの見世物師だぢがござったどぎ、旦那はおだぢ者なれば、中の女侏儒に手を出して、なぐさみ物に遊び棄て、孕んだ女ふぐすけは、体ぶかして一同の手足まどいと苦に病んで、松前さ渡る船の上で、函館の近ぎ頃合に邪慳にされだる下村の旦那うらみの七代も、祟るがらなど泣ぎくどき、いずれおれなど白浪の、命は津軽の時化の中さ、あっとばがりに身は沈む。七年たって下村の子供は佝僂女侏儒でる。しかも白目の座頭なり。母は思案に気が狂い、旦那はその子を人に呉る。戦争敗げで秋ぱ来る。仲間は馬太の家さ寄り会、今宵台所内小仲間仲間座敷まで、戸障子はらいぶぢ抜いで、柱ど柱に綱張って、芸を披露の紅ばがまつぐろったるあさぎの足袋に、綱深ぐ食い入り、ガスカンテラにふぐすけの白目きらきらど輝ぎ、いわれ知る村人むずえど涙流せども、綱に乗せられだる人は、にっこど笑って、行ぎつもどりつ舞うは津軽のジョンガラ節」（オレの阿伊染文字で書きたいが、活字がない。）

これは、イメージの湧くまま創作したんだが、伝承を記録したのやなにか、何百枚も書いたところ、あとで『遠野物語』をみたら、それと同じのが幾つもあるんで驚いた。オレの創作だと思っているのまで、そうなんだ。音楽性に乗って、共同体の記憶がよみがえってくるのだろうか――と、これで終わればこの文章もカッコいいが、実はそうはいかない。

この間、帰ってみたら、オレの村も、カラーのトタンの屋根やトラクター、コンバインになっていた。田んぼ売った金で、新建材の家たてて、ジュータン敷いた家が軒なみだ。ところが、この半年間に、年寄が四人も、首吊って死んでるんだからビックリした。オレの同級生のお袋なんか、なにも不自由ないようなのが、自殺している。

そのばさまなんか、スキがあれば死ぬって、ねらっていたというんで、家の人はみんなノイローゼになっちまった。いつ首くくるか判らないから夜もねむれない。ばさまの方は、昼間グウスカねむっていて、夜、みんながねしずまると、サーッとなげしに、荒縄かげる。それをワッととめる。まるで追いかけっこだ。家内中で、何カ月も交代で起きてたってさ、ばさまは七十なんぼで、だまってても一、二年で死ぬのに、なにして首かがりした、というんでしまいには、家内中、精も根もつきはてて、ただただ、ニクタラシがっていたっけ。ムラにはまだ、死ぬのを生ぎ甲斐みたいにしている、ぢさまたちやばさまたちがいる。

なにして死ぬんだか、それは判らないけれど、年寄の働く田仕事もわらざいぐなども、なくなってるんだ。第一、年寄の話をきく、囲炉裏のある家が、なくなってしまった。キリスト教もクロポドゲも日高見のことばも、これからどうなるのか、実はオレにも判らない。

クロポドゲの人びと

1

あのときは、ホントに殺されると思った。物盗りか、遺恨かいまだに判らないんだが、突然、五、六人に囲まれて、なぐる、けるの目にあった。オレは血まみれになって地面を這いずり廻って、とまってる自動車の下に頭だけかくしたんだが、はみ出たとこを、

「コノヤローッ、コノヤローッ」

と大きな石をぶっつけたり、ドーン、ドーンと踏みつけたりするんだ。かつぎこまれた救急病院じゃ、「脊髄がつぶれ神経がぶった切れて半身不随になるかもしれない」なんて言うわけさ。全身ギブスに固められて、百日間というもの何とも動けなかった。そのとき、おふくろがクニ（岩手県和賀町）から出てきて看病してくれた。

おふくろが言うには、

「汝は、キリスト（教）になったのも、東京さ行ったのもええとして、渋谷地さま（クロポドゲ）をおがむのが、おがまねのが、それが一番大事なこっだ。このまま汝がカダワになてしまったらば、オレが何十年も渋谷地さま信心してきた甲斐がねェ。御先祖さまに申訳がたたない」

こうくどかれたんだから、オレも参った。オレは棒みたいに動けねのに、おふくろは、このときばかり、毎日毎夜、大小便かえながら、御先祖のことからクロポドゲのことまで、語りに語るわけよ。オレの方も神経切れて一生動けないかもしれないと思っていたから、それまでと気持が違う。

何にすがってオレはこれから生きて行くのか、オレのようなもんでもなんとかして生きたい――オレが自分の思想の根っこを、もう一度しっかり考えてみようと思ったのは、このときからなんだ。実をいうと、それまでは、育ったムラのことなんか、イヤでイヤで、忘れよう、忘れようとしてきた。それが、今から八年前に転機がきた。


オレは神童だった。いや、仏童（？）といった方がいいのかな。とにかく、村のバアさん連中が、オレをおがみに来たんだ、おさい銭あげてね。あれは弟が生まれる前だから、満で二歳と何カ月だと思う。そのちっちゃいわらし子のオレが、蓮如上人の御文章をすらすらと暗誦したわけだ。コタツヤグラの上にすわって、

「聖人一流ノ御勧化ノ趣ギハ、信心ヲ以テ本トセラレ候。ソノ故ハ、モロモロノ雑行ヲナゲステデ一心ニ弥陀ニ帰命スレバ不可思議ノ願力ドシテ仏ノカダヨリ往生ハ治定セシメタマウ……云々」

そんなに長いものではないけれど、なにしろ二つだからみんな驚いて、おがみに来た。八重樫太郎（伯楽天皇といわれたクロポドゲ信仰の有力者、後に触れる）の奥さんのジンコバアさんが八十いくつでま

だ生きていて、まっさきにおがみに来た。オレは三男坊主だからオンズ、オンズと呼ばれていたんだが、みんなから「ほれ、オンズ、アゲルゾ、アゲルゾ、ナマンダ、ナンマンダ」とおだてられて、気が向くとコタツヤグラの上にチョコナンとすわって、

「しょうにん、えぢろうのごがんけのおもむぎは、すんずんをもって……」

とやり出す。みんな有難がって、「ナマンダ、ナンマンダ、ナンマンダアンス……」と大変なものだった。まあ、オレのムラなんかじゃ、新聞もラジオもなかったんだから、オレを見にくるのも楽しみだったんだね。川向こうの村に年に何回かドサ廻りの芝居がくると、すごいノロシをあげて、ドガーン、ドガーンと大さわぎしてたんだから。

オレは蓮如のこの御文章を、ひいバアさんのハギからおそわった。毎朝、毎朝、徹底的におしえられた。バアさん自身、字は読めないんだから、自分の覚えていることに命をかけて、口うつしに言わせるんだ。前に書いた「へへのへら骨……」を教えてくれたのもこのハギバアさんで、オレは実にたくさんのことを学んだ。ハギバアさんが死んだとき、オレは中学二年だったが、あんまりいたましくって、バアさんの遺骸(なきがら)とならんで蒲団にくるまって二晩ねた。

2

クロポドゲ信仰には、アガゴオモドヅゲとオドリアゲという二つの秘儀があるんだ。「何より大事

なのはオモドヅゲだッ」と言うんで、オレが生まれたのは親鸞聖人の聖なるお七夜の最中だったが、へその緒切るとすぐ、おやじが吹雪の中を抱いて導師のセンセさまのところへ連れていった。おそくても七日以内、でも七日目ぐらいに行くんじゃ信心が薄いってことになってしまう。センセさまのとこで何をやるかというと、これは他言無用の秘密で、洩れたら昔なら首がとぶんだが、まあ言えば、オドリアゲ（後でのべる）の簡単なやつだな。

仏壇に向かってグワイキモン（改悔文）という浄土真宗の文章を、センセさまの口づたえで、赤子を抱いた親が唱えるわけだ。うちのおやじは、あとで導師にもなったので、こころ覚えの記録をつけていた。焼きすてるつもりだったろうが、ポーンと死んじゃったから、貴重な資料として家に残っているんだが、それによるとグワイキモンをかいた書き物を線香でいぶすとか、面倒なだんどりがあったようだ。グワイキモンというのは何かというと、このたび信心して以上は、一切の雑行、雑修、自力の心をすてて一心につとめます、という要するに誓いなんだ。この御文章そのものは、前に言ったように浄土真宗にあるんだが、生まれたての赤ん坊をつれて来てこんな儀式をやるのは、他の宗派には全然ない。日本各地に伝わっている他のかくし念仏と、オレたちのクロポドゲ信仰とが、全然違う点のひとつはこれだ。考えてみれば、これは一種の幼児洗礼みたいなものだ。クロポドゲ信仰は、二百年ほど前（宝暦元年一七五一年）、オレのムラから山ひとつ越した水沢ではじまったのだから、切支丹の後藤寿庵（一五七八〜一六二三）の流れと何か関係があるんじゃないかとオレは思っている（水沢市には寿庵堤がある）。切支丹の潜伏形態の一つと考えるとすっきり判ることがいろいろあるんだな。五、六歳で受けるオトリアゲをみると、このことがいっそうはっきりする。

オトリアゲのときからオレの直接の記憶がある。ものすごい緊張だしね。おわると、どうしてオレをこんなに一人前にあつかってくれるのかって、こども心に戸惑うぐらいな高膳で、あげ膳すえ膳のご馳走がでる。まず生まれてはじめての誇り高き記憶だな。

とにかく、屏風から襖からたて廻して中はまっくら、仏壇のお燈明だけがともっていて、まん中に松の葉っぱが立っていて、「ターッケターマエッ」と言わされたのを、今もありありと覚えている。

オトリアゲの場所は、たいてい導師のセンセさまの家で、仏壇のお燈明だけの暗闇の中に、センセさまとお脇さま（脇役）が物々しく坐っている。この部屋に五つ六つのこどもが、たった一人ではいるんだ。親なんかは、全然はいれない。だから、こどもにとってみればとてもじゃないが、心細いなんてものじゃない。もうガタガタで、とにかく親の助けてくれない世界がある、という意識を、ひじょーに受けたね。

うちのおふくろなんか、中へはいれないから、ただただ家の外の壁にヒタッと身を寄せて、無事にオトリアゲがすむようにと、南無阿弥陀仏を何百何千回と唱えつづけていたそうだ。たいてい、オトリアゲというのは、親鸞のお七夜に行なわれるもんだから、吹雪がどうどうと鳴って、家なんかミシミシするんだ。今にたとえれば教育ママが入学試験場で、こどもの合格を祈るようなものかな。これを、全農家の母親たちが、こどもの数だけ、切々と、江戸時代からやってきたんだ。今になって思うと、加入儀礼というやつなんだが、オレはこういう幼児体験をしたのは、非常によかったと思っている。吹雪の底から念仏が聞こえるような気が、いまでも、ときどきする。

中にはいったこどもはどうするかと言うと、これは言ってはいけないことになっていたんだが、このときは、日頃、仏壇の中にある、お花、瓔珞（ようらく）、おかざりなんかは全部片づけてしまって、まん中に青々とした松の葉（松のシン）を立ててあるんだ。それにお燈明の光があたって、不思議な色に輝いて揺らめいている。その松の葉の尖端のあたりを、手を合わせながら一心不乱にみつめるんだ。自分が、その緑色に輝く光の輪のなかに、スーッと吸い込まれるような気がしたとき、センセさまの言いつけで、

「ターツケターマエッ」

と叫んでから、「ハーッ」と力の限り息のつづく限り、腹の底まで空気を吐く、フラフラになった体をお脇さまが支えてくれるんだ。――すると、からだ一体の血が引けたような感じ、土地のことばでいうと半心（はんしん）というんだが、次いで、新たに吸う息と共に仏さまが体に入るという。そんな、今まで味わったことのないような気分になった。こども心に、信仰にはいったような気がしたもんだ。

この形式は、オレが後で受けたキリスト教の洗礼と全くよく似ている。あんまりキリスト教にくっ

つけてクロポドゲを解釈するのはマズイだろうが、この点は非常に似てるね。キリスト教のバプテスマでも、一方に牧師がいて、両側に介添がいて、信者の体をうしろへねかせて、そのまま水へザップリと入れる。そして起こすのだが、つまりは、死と再生の儀式だ。クロポドゲでも全く同じ意味なんだ。だからこの日がオレの誕生日になる。旧暦の十一月二十六日、オレは分家の高橋栄という家でやったんだが、そこがオレのホントに生まれた家になって、毎年、誕生日ごとにお礼詣りに行っていた。

とにかく、こうして死と再生の儀式をすませたあと、グワイキモンをセンセさまの口づたえで唱える。

「モロモロノ雑行、雑修、自力ノココロヲフリ捨テテ、一心ニ阿弥陀如来、我等ガ今度ノ御生御タスケ候ヘトタノミ申シテ候。タノム一念ノトキ往生一定御タスケ治定ト存ジ、コノ上ノ称名ハ御恩報謝トヨロコビ申シ候。コノ御コトワリ聴聞申シワケ候コト、御開山聖人御出世ノ御恩次第相承ノ善知識ノ、アサカラザル御勧化ノ御恩トアリガタク存ジ候。コノウエハ定メオカセラル、御掟一期カギリマモリ申スベク候」(オレのおやじ、導師高橋栄一の遺品より)

これだけのこと唱えるんだから、五つ六つのこどもにとっちゃ大変なことだ。これを全部唱えて、「南無阿弥陀仏、南無阿弥陀仏」までいけば、いわば合格で、これで「ホドゲさまおがんだ」ということになる。

これをセンセさまが判定するわけだが、導師もこのことについては非常に信心が厚いものだから、なかなか厳重で、オレンチの弟なんか、年中、落第したからね。途中で泣き出したり、「おらやんか、言いたぐねッ」ってグズッたりするからダメになる。それでオレの舎弟は部落でものすごく評判わるくなっちゃって、おふくろはホントに参ってたね。オトリアゲに合格しないことを、オサガリというんだが、これはメッタにないことだ。うちの舎弟は、余計なこと言っちゃうから落ちちまうんだが、「余計なこと、こんど言ったら最後、馬の足さしばりづげるがら」なんて、マルおばちゃがずい分おどかしたもんだ。

オトリアゲは、オレには極楽だったけれども舎弟は地獄感じてしまったのじゃないの。このことが弟には今でも影響してるみたいだ。なにかにつけて、世の中においてスンナリいかない。オレと同じく絵かきになったんだが、広告会社の電通で主事までいったのに、酒のんで、宮城前の交叉点でドーンとひっくりかえって都電全部ストップさせたりさ、オレもおかげでひどい目にあったよ。

それからこのオトリアゲで一番困ったのは、戦時中、疎開でムラにやってきたこどもたちだ。小学校へはいって、「まだホドゲさまオガンでない」なんて言ったら、もう人間じゃないって思われるわけだ。ムラのこどもたちにはそうとしか考えられないわけよ。よってたかって半殺しになった例がある。オレの友だちの長谷川なんかそのくちで、死ぬ思いしちゃった。あとでキリストの伝道団へとび込んだのも、そのときの影響があるのかもしれない。こうしたことだけを取り上げると、ひどく閉鎖的だってことになる。だからかくし念仏はすべてよいことづくめというわけではないんだ。そう言ってしまえば綺麗事になる。

ただ、今になって冷静に考えれば、この閉鎖性も原因がある。だって、ムラに住んでいながら渋谷地講にはいらないような人間は、いつ密告者になるかもわからない。だって、南部藩以来、二百年のかくし念仏弾圧の記憶がよみがえってくるしね。それに百姓一揆なんかは、かくし念仏の講を母体にしてやってきたのだから、しぜーんと、警戒が厳しくなるんだな。

3

こどもの頃の話ばかりしていると、クロポドゲは昔のことと思われるかも知れないが、実はそうではない。

オレが先日、田舎へ帰っていたとき、クロポドゲの寄合いがオレのウチであった。大字山口の西川原田新講の十七軒の信徒が、肩がけをつけて仏壇に向かい、渋谷地流独特の節をつけて、浄土和讃をあげていたが、この二百何十年、ビクとも揺らいでいないという感じがした。お勤めのあとで、黒塗りの高膳を並べて会食になった。このとき、やおら、講中総取締役高橋幸造が取り出したのが、六十年間、固く秘していた文書だった。オレたちの新講が旧講から分裂した時の事情がかいてあった。

「号外、号外、号外ナンダ。日露戦役モ平和ト相ナリ、ココニ四海ノ波モ穏ニオサマリ、タダ国民ハ御法義相続（山口の講中の導師役の相続のこと）ニ余念ナカリシコソ、目出度キ御事ニ存ジ候。サテココニ珍ラシキ事コソ起リケリ。是レナニ別義ニハアラザリシナリ。起リノ本ハ、

南無ト云フ其ノフタ文字ニ花サキテ

アシタ仏ト身ハナリニケリ

ト、コノ歌ハソモ問題ノ原因ニテアリシナリ。了解ノ要ハ一方ハ花ハ咲ケドモ未ダ身ハナラズト云フニアリ。一方ハ花ト実トハ一度ニ成就セリト云フ。スナハチ一方ハ臨終往生ヲ取リ、一方ハ一念往生ヲ取リタルモノナリ。

一念往生ハ高橋兵次郎（ヒョウジロウ）（オレのひいジィさんだ）臨終往生ハ高橋連次郎。コノ問題ハ仏法社会ノ一大問題トハナリヌ。マズ第一、藤根、黒沢尻、横川目、煤孫（ススマゴ）等ノ問題トナリ、ソレゾレ両方陣ヲ張リ、一方ノ大将ニハ八重樫太郎（つまり伯楽天皇だ）、高橋連次郎、高橋源助、田中清吉明神、千田勇次郎、小原重兵衛（慶応二年の百姓一揆の指導者、明治三年まで南部藩の獄舎にいた人）、小原栄作、小原藤作、ソノ他無量ノラガン（羅漢）ニテマシマシケリ。

マタ一方ノ大将ニハ菅沼貞治（貞教と号す。この教団の理論をかためた人）、高橋兵次郎、小原助五郎（かくし念仏の教祖武七の一番弟子助作の直系で、教団全体の副指導者）、高橋忠、女将ハ高橋トラ、高橋マツ、同ヨシ、コレラノ将軍ニテマシマシケリ。

ソノ両陣ノ勢力ハ日露戦争モカクヤアルラント思ワレケリ。

マヅ一方ノ論註ハコウユウノデアル。一念ノ当体ニ於テ、往生ノ約定ハ出来テアレ、片往生ノ成就トハアマリ大悲ヘ恐レ入ル、行キ過ギタル了解ニテ、モシモ一念ニテ往生ハ成就シタリトセバ、即身成仏ヲ望ムナラン。コレ一益法問ノ邪見ト申スモノナリ。

左様ノ人々ハミナ地獄行キナリ。恐ルベシ、恐ルベシト云フニアリ。

マタ一方ノ大将菅沼貞治ノ申スニハ、サテサテサテ、御若(オワカ)ヘ、御若(オワカ)ヘ、ナントシタ。一益法問ト云フハソンナ事ヲ仰セラレタ事ニテハアラザルナリ……(略)」

これはオレの大伯父の高橋新次郎が書いたものだ。このオンツァマがまた変わった人で、兵隊検査のとき、「見(め)ねあんす」「見(め)ねあんす」と弱視のまねをして、徴兵のがれをした。それはともかく、ここに異端と正統の宗教論争がまきおこったのだ。

この事をよく判って貰うためには、クロポドゲ信仰の由来を説明しなくてはならない。オレの家に伝わったところを書いておく。かくし念仏の研究者なんかが、文献学的に調べて書くこととは違うかもしれないが、信ずるものの立場からの口伝も大切だと思う。思想が生きているのは結局、そこなのだから。

かくし念仏は江戸中期、留守(るす)藩(岩手県水沢市)に起こった信仰で、京都の鍵屋(かぎや)流の秘密念仏宗の伝道師に端を発している。最初、百姓の武七、留守藩家臣の山崎杢左衛門、町人の板屋(いたや)の長吉らが信者となった。表向きは浄土真宗をとなえていたが、柳田国男が言うように真言密教の流れも入っていたようだし、オレの仮説としては切支丹の影響も考えられる。オレのムラつまり旧山口村の大工、柧(は)ノ木の助作がちょうどこの頃、水沢に手間賃とりに行って、オトリアゲを受けて信者になった。これがオレのムラとクロポドゲとの因縁のはじまりだ。

水沢留守藩では、信者たちがなにやら怪しい無届集会をひらいて人々をまどわしているというので、一挙に弾圧に出た。山崎杢左衛門と板屋の長吉はつかまって、はりつけになった。杢左衛門の位牌の裏には「切支丹を行なう云々」とかいてあったと言う。宝暦四年（一七五四年）五月二十五日のことだ。

このとき、柧(は)ノ木の助作は、師の武七（教詮御坊(きょうせんごぼう)と呼ぶ）を奉じて、お駒の山を越え、自分のムラ、南部藩和賀郡山口村（現在の和賀町）へ落ちのびた。だから助作は、教詮御坊の第一の弟子として、その血筋は今にいたるまで、渋谷地流(ながれ)にとっては重いものとなっている。オレは実はその血を伝えるひとりだ。

それから、なぜクロポドゲというのかというと、本尊が黒い木像だからだ。この秘仏には、親鸞聖人のお体を焼いた灰が塗ってあると信じられている。

かくし念仏の信者は一口に五十万といわれ、水沢、花巻、盛岡などにそれぞれ中心をもつ各派に分かれているが、オレたちの渋谷地流念仏講中がいちばん大きい。

こうして山口へ入ったクロポドゲ信仰は、この地に残る民俗信仰、民俗行事を自由に取り入れ、しかも信仰の大筋は見事に守り切っていた。ここに武七、助作、善之丞（武七をかくまった人）の並々ならぬ智慧を感じるんだがなあ。いや三人の智慧というより、農民そのものの智慧だ。教条主義的にやったらたちまち潰されただろう。南部藩の弾圧もひどかったし、明治になって許可されてからも不安が残っていた。実際に昭和初年でも、淫祠邪教というので警察が手入れした新聞記事が残っている。だから組織を守る習性が、あらゆる権力に対する警戒の姿勢として、今に伝わっているのだ。

けれども信者たちが偏狭だと思ってはいけない。オレなんかも親たちから「如衆水入海一味」ニョシュスエ、ニュウカイイチミとおまじないみたいに言われて育ってきた。すべての思想が最後に帰するところは一つだ、というわけの文句らしいが、それを出来るだけ広く解釈して、「他宗や他の考えは、とにかくケナしてはいけない。まずその人の話をよく聞け、そして自分の信念は簡単には曲げるな」というんだ。

話がわきに外れたが、法論に話を戻そう。

さっきの文書によれば、論争は紆余曲折を経て展開したが、大詰めの立役者は、伯楽天皇と高橋トラバアさんだった。この伯楽天皇こと八重樫太郎という人がただのお人ではない。欠ノ下（かけのした）講中（当時、オレの家でもこの講に入っていた）の導師で、若い頃は比叡山に学び、その上、伯楽つまり馬の医者の技術をもっていたから、天皇の名がつくほどの威勢だった。

この伯楽天皇が臨終往生（一生懸命つとめて臨終になって初めて極楽へ行ける）を説いたのに対し、オトラバアさんは、一念往生をとって変わらない。つまりオトリアゲを受け、自分が信じていれば、臨終をまたなくても、もはや仏になりにけり、と言うのだ。

伯楽天皇は怒りにもえて、講中一同満座のなかで、オトラにどなった。

「そんたな教え誰から聞いたかッ」

「ゆんべ観音菩薩のお告げがあった」

親鸞聖人は観音菩薩の垂迹だから、これには天皇もあいた口がふさがらなかったと言う。しかしこのままでは講中のしめしがつかない。そこで、

「導師に対し奉り失敬千万ゆるし難きババなるぞ、もって、オトリアゲを取り消し地獄行きを仰せつける。オトラババの言葉を聞くものも、同じく地獄行きを申しつける」とこう伯楽天皇は一同に勅を発した。オトラババは憤然と退席したが残るものはみな、ふるえが止まらなかったという。

ここにおよんで講中の危機と、脇役たちが八方手をつくして天皇と相手方をなだめた末、結局、次のような証文を一同が天皇に提出した。「センセの許可なしには法話をしないこと。他から法話師、説教僧が来て泊めるときは、センセの許可をうけること。トラ婆の言葉をきくものはいちいちお助け取り消し地獄行き申しつける」。この文書に全講中が連名捺印した。

これはいわば思想の統制だ。今までのクロポドゲのやり方は、あらゆる現実を受け入れながらしか

も変わらぬという自信ある態度だったが、それをやめるというわけだ。カソリックでも、十二世紀、ヴェロナ公会議で、教会の正式の許可なしの福音の自由説教を異端としてきめつけているが、どこでも似たようなことが起きるんだなあ。オトラやその一派の中心兵次郎は不満だったが、そのときは、伯楽天皇の威勢に屈服したらしいね。

しかし実際問題として、旅人を泊め、法話をするのにいちいち許可をとるなんてことは出来はしない。越中の薬売り、秋田の昆布売り、マタギの熊ノ胃売り、錫杖やホラ貝を吹きならす歌祭文の門付け、三味線かかえたゴゼの女たち、説教をきかせる旅僧など、数え切れない旅人が村に来ては泊まった。オレの家なんて庄屋だったから、ゴゼたちは十数年間、居続けて、兵次郎は毎夜、同じ曲をあきずに聞いた。ハギひっこさんの話によると、兵次郎は毎晩、同じ曲の同じサワリの箇所にくると、「そごだ、そごだ」と言って、ボロボロ涙を流して泣くんだそうだ。

一時は伯楽天皇の権威に服したものの、オトラは、「これは渋谷地の教えの本筋じゃない。今まで通り、何を考えようが、ご本尊を信じているかぎり、かなり自由にはばたいてもいいはずだ」と覚悟をきめて、息子の幾松に証文を取り戻させ、火鉢でもやして、講を脱退した。鉱山(かねやま)で死んだ坑夫の死後硬直も即座にやわらげるという伯楽天皇の法力を恐れないではなかったろうが、オトラは決然としてこの挙に出た。このときに、オトラに同調したのは、西川原田の高橋兵次郎の一族五軒だけ、あと百五十軒は動かなかった。これより、天皇側を旧講(ふる)、オトラ側を新講という。

新講の中心勢力はトラ、マツ、ヨシ、ハギ（オレのひいバアさん）などの女たちで、ムラの現人神と一戦を交え、信仰の自由をうばい返したのだが、この四人が読める字は片仮名で二字、つまり自分の名前だけだった。しょせんは知識の量の問題ではない。

4

日本の底辺の人々の信仰は、記録をのこさない。オレから言えば、文字に書くようでは信仰が亡びる前兆なんだ。文字というものはある意味で不潔なものだ。思想の火が燃えさかっているときには必要はない。オレも文字を発明してしまったが、アレも亡びの予感があるからだ。桜の花が全然散らないで真っ盛りのままだったら、桜を写真にとったり書き止めたりするものはいやしない。だからかくし念仏でも、いちいち、文字にして、それを知識として読むようになったら、もうあぶない。こういう考え方にオレが到達したのも、実は念仏のおかげなんだ。

さっきの異端論争のとき、無知蒙昧と思われる女たちを支えたのは、「六字のおいわれ」つまり、南無阿弥陀仏のおいわれを説いた次の口伝だった。八十歳近い小原コトが、その母ヨシから口伝されたものを記しておこう。おそらく活字になるのは初めてだと思う。

「六字のおいわれ、どう聞きました、罪もさわりもそのままで、助けたまえる御手柄に、すがる思(おもえ)でございます。

疑うな、危ぶむな、気づかえするな、尻込するな、偽云わんぞ騙、さんぞ、必ず助けてやるぞとある。

真実の御誠じゃほどに、水に入れば濡れるがやく、そこ火に入れば焼けるがやく、即今、頼めば助くるやくふしょうじゃの御使いじゃ。

石にかなごの金剛しん、硬い領解が真なら、いつ死のうとも、いつ終わろうとも、息切り眼の閉じ次第、安養浄土に初参り。

ああ有難や我身をふりかえりみれば、三十二相ははちぢっち、我がおうぐんのはだえとなり、身にはおう法の妙服、肩にざっくりとかがり、立てばしゃくやく座すればぼたん、あゆむ姿は弥陀同体二十五諸仏菩薩にとりまかれ、やがてのうちにと聞こえたら、極楽浄土の真中で、さても尊や、南無阿弥陀仏、南無阿弥陀仏」

女たちが、かくし念仏によりすがる一番の原因は間引きだった。

「なんのために、お前はこんんたな世の中さ来たんだ、むずやな！」

わが子をわが手で殺す罪の恐ろしさは、みんな覚えのあることだった。

前にも書いた通り、南部和賀地方では、徳川時代から今までの三五〇年間に百三十回以上のキキンがあった。明治以後になっても冷害凶作が何度もあった。それに、考えてみれば、戦争につぐ戦争の明治百年だったではないか。

兵次郎の家でも、長男の市太郎は日清で、三男の徳太郎（オレのジィさん）は日露で死んだ。徴兵のがれした次男の新次郎は、ムラの言葉でいう「塩ぺえ川」の向こうの「満州」へ行ってしまった。

「人間つうものは、あづきもちの鍋が煮えくりかえり、こねくりかえる様に生きていぐもんだ。これほどのことがあったがらたて、あとは何事もあるまい、などと思ってはなんねえぞ」とハギは徳太郎の嫁マルに言った。マルは三つになる子を抱え、十九で戦争未亡人になってしまった。金鵄勲章がオカミから届けられた。

「三月一日奉天総攻撃、三月六日甘官屯の戦闘において、第三一連隊は過半を失い、軍旗はフサのみを残した。三月九日、徳太郎の体は砲弾をうけて微塵に飛び散った」という。「そんなモンくれたって、誰につけろって言うのか」と金鵄勲章は仏壇の奥に仕舞いこまれた。

もっとも二人の息子の遺族年金は、一家の一年間の農業収入と同じ位あったという。兵次郎は誰に気がねすることもなく、鹿皮の長靴にインバネスといういでたちで、日本中を遊び歩いたそうだ。だが、ハギの悲しみは消えない。ハギは生涯、天子様とテノヘイカ（天皇陛下）とは同一の人であることが判らないで死んだようだ。天照皇太神の子孫の天子様が、やたら百姓をつれ出して殺すなんてことはある筈がないというのだ。

たしか昭和十八年頃だったが、オレと隣の家の女学生とハギひっこさん（ひいバアさんのこと）がコタッにあたっていた。外は吹雪だった。長い生涯のくどき話でもしていたんだろうが、突然、感情が激したひっこさんは、ガバッと立ち上がって、

「テノヘカドゴダ、テノヘッカドゴダ、テノヘヘッカッ」と泣いて、

「市太トッタ、市太トラレダ」と叫ぶんだ。今、思い出しても、オレはそのときダラシなかったなあ。あわてふためいて、

「ひっこさん、そたなこと言ったら、特高が来る。憲兵が来るッ」と真さおになっておしとどめた。

前にかいた「七度（しちど）の餓死（がし）にあうたて、一度（えちど）の戦（えくさ）にあうな」と言ったのが、このハギばさまだ。とにかく、オレの知るかぎり、あの頃、戦争反対を公言したのはこのひっこさんただひとりだった。

オトラバアさんといい、ハギバアさんといい、どうも女の方が筋が通った動きをしていたね、生涯をとおして。オレのオヤジは導師になって十年つとめて死んだだけれど、死ぬまぎわに、なんて言ったと思う。「自分の一生のうち、上等兵になれた時ほど、うれしかったことはない」と言った。これは、南部藩にとってかわって権力をにぎったおかみが、秘密信仰を許し、立身出世の幻想をつくり出し、着々と打ってきた手が、クロポドゲの導師までもからめとったことを物語るものではないだろうか。国が下ろしてきたタテマエを信ずる村の学校の先生たちは、かくし念仏を迷信と因習のかたまりで、非科学的、非愛国的だとさんざんにけなしていた。彼らがついに作り出すことが出来なかった、主体的な常民の集団が、そこにあるという、思想的遺産を見分ける力がなかったのだ。この点は敗戦

後も同じだ。立場は別になっても先生たちの多くは、オトラやハギ、助作、武七の智慧と勇気を学ぶことをしようとしない。

立派な考えは本の中にある、と思うのがソモソモ間違ってるんだなあ。水晶のように綺麗に結晶したものは、本の中に収まり易いかもしれない。しかしオレが魅力を感じるのは田んぼの泥のような思想だ。あらゆるものを受け入れ、こやしにし、乾けばホコリとなって空へ舞い上がり、雨ふれば田んぼへたまる、そうした思想だ。水晶は美しいけれど生命をはぐくまない。田んぼの泥は、きたなくっても、矛盾していても、生命をはぐくむ力をもっている。そのことは受け取り方次第で、二百数十年の信仰の歴史が物語るし、小原コトが絶えずつぶやく、「六字のおいわれ」の中に籠っているのではないか。

「罪もさわりもそのままで、助けたまえる御手柄に、すがる思（おもえ）でございます。疑うな、危ぶむな、気づかえするな、尻込（すりこみ）するな、偽（いつわり）云わんぞ、騙（だま）さんぞ、必ず助けてやるぞとある……」

北上川

1

なんでオレがキリスト教に入ったのか、これはまったくの偶然みたいなんだけれど、あるいは神の摂理とか、前世の因縁とかといった方がいいのかもしれない。

オレは、ホラ、かくし念仏のムラで育ったわけだろ、ところが、ムラを離れて宮古の営林署に勤めて、外の世界をチラッと覗いてからというものは、当時のオレにとって、クロポドゲの世界は余りに因習的で、がんじがらめの閉塞状況だという気分が、強くなってきたんだ。もっと明るい、ひろーい世界がどこかにきっとありそうだ、つまり、よその家の畑が青々と見えるっていうやつだな。オレが夏の休暇をとって久し振りにムラに帰ってきて、キリスト教伝道団のポーロ・ブローマンたちに出会ったのは、ちょうどその頃なんだ。

その連中ときたら、なんとも奇妙な恰好でね、皮ジャンパー着て、五分刈り頭で、まるっきりヤクザとしか見えやしない。出会ったのは黒沢尻（現在の北上市、北上川と和賀川の合流点）の町はずれ、連中は道を歩いている人ひとりひとりをつかまえて、聖書の文句を印刷した紙を渡していた。ポーロのほか、後藤新平（水沢市出身）の親戚とかいうジャン後藤、トム友納なんていう二世たちで、オレにも紙をくれてから、

「テントデ集会ヒラキマス、ドーゾ来テクダサイ」

なんていう。

オレは好奇心のカタマリみたいな男だからついて行くと、米軍払下げのテントが張ってあって、三十人位あつまっていたかな。蓆の上に町の連中とか北上川の向こうのムラの連中とかが、ゴチャゴチャといた。町の教会みたいなハイカラなオツにスマした雰囲気はまったくなくって、さっきのジャンパー男がしゃべるわけだ。これがジャン後藤だ。彼は日本へ来たときは全然、日本語をしゃべれなかったそうだけれど、随分上手になっていた。やっぱり日本人のタネが入っていると違うもんだな、とワキでいっていたけどね。彼のしゃべりは、神学とか哲学とか、そういう七面倒なことは一切いわないで、「信ずることによって救われるのである」、これ一本槍だった。これがかえってオレにはよく判る。かくし念仏の基礎があるから、スポッと胸の奥にいれることができるんだ。オレたちは聖書の一部を刷ったものを貰った。

聖書といえば、オレの母方のオジというのがハイカラ男で、中央大学の法科を出て、農業会運動でアカだとかいわれて投獄されたのがいて、このオジが聖書というものを持っていたのを知っていたか

ら、オレも一度は読んでみたいという気はあった。高校の図書室で『内村鑑三全集』を見つけて、ちょっと触れてみたことはあるんだが、これはかたすぎて、ちっともなじめなかった。

ところで、オレは宮古へ戻ってから、常勤労務者（当時のオレの身分）の宿舎で、貰ってきたその聖書を読んで「なーるほど」と思った。最初にヨハネ伝を読んだんだ。これは後で伝道団に仲間入りしてから知ったんだが、日本人はよっぽど精神的な民族だと思われていて、それでヨハネ伝の「はじめに言葉ありき」とか、そういうようなのから教えていこうとしていたらしい。とにかくオレは三章十六節を読んで、魂に衝撃をうけた。

「神を信ずるものはすべて救われる。それは神がイエスキリストを、この世に送ることによって全世界を救ったのだ。そのことを、ただもうひたすらに信ずれば、まったくのキリスト信者になれるのである。きわめて簡単だ」こういう風にオレは受け取ったんだが、そうなると、これはかくし念仏とまったく同じなんだ。だからオレは、なんら特別の精神的操作をする必要がないわけ。なぜかって、これはちょうど、教詮御坊（きょうせんごぼう）がクロポドゲを奉じ弥陀四十八願によって、衆生を救ったのと同じ状態なんだから。ただもっといいのは、仏像を拝む必要もなければ、どうやら、どろどろした因習みたいなものもなさそうだ。またキリスト教といっても、内村鑑三や矢内原忠雄のように難しい世界じゃない、カンタン、カンタン、サラーッと軽くポンとはいれる、とまあオレは感じ入ったわけさ。これほどいい教えはまんずない、オレはこの教えをもっと整理して判り易くして、オレのムラの山口のみんなに聞かせなければならない、と深く思い込んじゃった。あの、くらーい、閉じこめられた世界を解放しなければならない、それがオレの使命だとホントにそう思った。

それからというものは、オレが休みで家に帰るたんびに、オヤジ、オフクロと宗教戦争だ。ついにオレがキリスト教の洗礼を受けたって言ったら、オフクロは、うッわーッと泣き出して、ぶっ倒れて病気になっちまった。

「自分が産んだ子が、みっともない、キリストなんぞになって、この西川原田（にしかわらだ）（オレの家の屋号）に伝わっている教詮坊武七さまの一番弟子の助作さまの血を汚した、申し訳ないッ」

というわけだ。オヤジはオヤジで、間もなくクロポドゲの導師（しえんしえさま）になるしさ、怒るにもなんにも大変なもんだ。

「お前の信じてるの言ってみろ！」というから、

「だから、こうこういうわけだのス」と答えると、

「せば、なんも阿弥陀如来の教えと変わりないじゃないか」

「いや、イエスキリストの御名（みな）を唱えねばわがねのだんス。それが根本だあんス」

とオレがいう。心で信じていて、イエスの御名をいうところに根本の問題があるんで、「ナムアミダブツじゃダメなんだ」というから、オヤジは怒るわけだ。――今になって考えてみると、オヤジの言うことも一理ある。大事なのは名前じゃないはずなんだな。確かに、ここのところに宗教対立のカン

ドコロがあって、これを越えることが出来るかどうかが、オレの思想上の課題となって、やがて噴き出すんだが、それは後の話だ。

ところで、オヤジは導師だから、息子がアーメンじゃ講中の人たちに申し開きが立たないわけよ、そこで大変なたたかいになってきて、「家の敷居またぐなッ」とか大騒ぎになった。そしてオレは、今と違って、キリスト教になってからというものは、なぜか全然、ハラが立たない。不思議なんだ、霊力だかなんだか知らないけど、オヤジが怒れば怒るほど、ますます落ちついて、

「いーやァ、それはやっぱり違うと思うなス」なんて、冷静そのものの態度で、ボソッというから、オヤジはもうカッカときて、

「なにおォ、へらめぐなッ」

オヤジは、自分のおこる姿がみにくいからね、余計おこる。オレはますますサメータ感じで言ったからね。今にして思うと、悪かったなァと思う。オヤジの寿命を大分ちぢめちゃった。

ところが、このとき偉かったのは、高橋幸治とか、小田嶋ミツエとか、講中の年寄り連中で、

「ああ、いいごど、いいごど、りっぱ、りっぱ、それでいいんだ、それだってナニ、家の講中なんだよ」と慰めてくれた。

2

その頃、オレは、役所はデタラメすぎると思っていた。新しい営林署長が転任してくるたんびに、オレたち若いもんは、「どうか、だらしない女房でありませんように」って願ったものだ。だって、官舎の掃除、家の中の片づけ、汚れものの始末までオレたちにやらせるんだから、女房がだらしなかったら、目もあてられないやね。

ところが、オレはオレで、高校でたばかりのくせして、鍬ケ崎(くわがさき)芸者——漁船の連中に大モテだった——その芸者と馴染みになったりして、みどりという名だったけど、はたしてこれでいいのかなあ、とわれながら思う場面も随分あった。それがキリスト教に入信して精神的に甦ったんだ。

宴会で課長が、「オイ、盃、ほら」と差し出すから、「もうしわけないですけれど、受け取れません」というと、

「なァーんだ！　課長命令でもかッ」

「課長命令でございましても、ワタクシはキリスト教を信じましたから、酒はやめます」

「なまいきだッ」

「なんといわれたってやめます。タバコも絶対にやりませんッ」

それ以来、十一年間は、禁酒禁煙、それはとにかく、ついこの間までホイホイ飲んでたのが、ピシャ

ッとこう言ったんだから、課長はいかり狂ってものすごいよね。——そしたらあとで、三上という男が「オイ、ちょっとこいや」といって、フォイエルバッハという本をオレにくれた。それで一晩、寝ないで語り合った。オレを見所あるやつだと思ったらしいんで、こう言う。「あんたが今頃、キリスト教なんかやっているのは、時代おくれの超時代おくれである」と、唯物弁証法とか正反合とか、説きに説くんだが、彼が何言っているのか、オレにはゼンゼン判らないわけ、本人は判ってたのか知らないけれどね。

それでオレ、十九になったとき、はじめて東京へ出て、ヨーロッパの絵画展みてきた。オレは痛ましいまでに純粋だったな、と今にして思うんだけれど、オデロン・ルドンという画家の作品があったんだよ。真赤な服を着て、シタールのようなものを弾いている絵だ。それにオレは感動しちゃって、あーあ、これはオデロン作のルドンという作品なんだなあ、とずーと思っていた。それからクールベの「追われる鹿」、これはこないだ西洋美術館にきていて、なつかしかったね。ミレーの「羊を飼う女」。なかでもブーシェという絵かきのかいた「ダイアナ」に感動した。この「ダイアナ」は名作なんだ。素人は余り知らないんだけれど、プロでも、その好みによってひどく高く買う人がいるというようなもので、オレが、あの年で、田舎からポッと出てきて、自分なりに感心したということで、自分を認めるんだけれどね。

オレの一番幼いときの記憶は、ごぶんさま（蓮如上人のおふみ）をソラで唱えたということと、絵を、しょっちゅう、庭の土の上に描いていたということだ。宮古へ来てからも『みづゑ』を下してたものね。東京から本を取り寄せることを「下す」というんだ。東下りなんていうのと同じ感覚だ。宮古の本屋にたのんで、これこれの本をとってくれというと、一月以上して届くわけ。これは大変な知的行為なんで、そうそう、「丸善」で洋書をたのむような感じ。

ある日、営林署の宿泊施設の飯炊きの鎌田のオバさんが、「東京のホントの絵かき泊ってる」というのさ。「ハァ、なんていうの?」「福沢一郎とかいってたゾ」オレは体がビリッと震えた。『みづゑ』の特集で、福沢一郎の絵を見て感動したばかりだったから。「じゃ、オレの絵を見てくれるか、頼んでみてくれ」といったのよ。すると「いいから持ってきなさい」といってくれた。それで、オレ、あわ食って自分の部屋にとってかえして、ベニヤ板に描いた絵を抱えていったのさ。そしたら、福沢先生は、一点一点丁寧に見て、「誰か先生についているのか」ときく、いや、ついてませんといったら、「ハーア、自分ひとりでやっていて、よくこんなに——。色がきれいでにごっていないなァ」

これは、現在のオレでも、そういうに違いないわけだ。いわばサ、地方へ行って、絵が好きだという土地の青年にめぐり会って、彼があわてて抱えてきた作品を、ここはダメだ、あそこはなってない、なんていえないよ。先生もそんな気持だったろうと、今にしては思うんだけれども、こっちは真にうけちゃった、そういうものなんだよね、人生なんて。それでオレは、やっぱり、キリスト教を信じて、正しく生きていくには、宗教画家として身を立てるしかない、と決めてしまった。盛岡まで二日がかりで油絵具を買いに行った、ちょうど、鉄道がこわれていて、北上山地を歩いて越してね。

そのころ岩手県立盛岡短期大学の美術工芸科というのがあった。高村光太郎や森口多里(たり)（西洋美術史の草分け）、深沢省三らの諸先生が協力してつくった学校でね。だからいい学校で、ほんものの教育したから、たった五年で潰れてしまった。つまり敗戦後、疎開していた中央の文化人が、地方にそのまま土着して真の文化を興そうとした運動が全国各地にあって、この学校もその一つなんだな。

そこの入試要項を取り寄せたら「デッサンあり」と書いてある。こっちは木炭デッサンなんて知らないから、コタツの消し炭とって、陶器の西洋人形のおもちゃを毎晩かくわけだ。すると仲間の労務者連中がきて、

「絵かきになるんだってなァ、すげなァ」

「ほんとに大したことだ、なんでソレでかくの?」

「いや、炭でかかなくちゃ、絵かきになれねってことになってるんだ」

「へーえ、スミでかくのかよォ!」って。

ところが入学試験は鉛筆だった。石膏像を描いたのだが、台座のところに、学校財産何百何拾何番とレッテルがついているでしょ、オレはそれまでまじめに描いていたら、廻ってきた先生が、「それは描く必要がないです」――なぜ、描く必要がないのか、ながいこと判らなかった。

3

家に無断で受けた入学試験にパスしたことが、『岩手日報』の合格者欄に出て、バレちゃった。オヤジは、電報でオレを呼び戻して、「お前は、とにかく営林署でやってけ、常勤労務者といったって正式の林野庁の採用だから国家公務員だ。あだやおろそかなことじゃねぞ」というんだ。オレたちみたいな高校卒の最低のポストが、林野企業三級職で、常勤労務者という身分だが、臨時雇じゃないから、そこでずーとやっていけば確かに、妻子かかえて一生食えないことはない。そこでオヤジは、「画かきなんぞやめろ、バカ、とてもできるもんじゃねッ!」

オヤジがそういう気持は、オレにも判る。ムラじゃ、営林署というと警察より遙かに強もてしていた。営林署や帝室林野局がどれほどエライかったかというと、たとえば、遠野などは天皇の御料林だったから、自動車に、菊の御紋章があった。その車の運転手だった人に、オレが直接きいた話だが、あるとき、細い山道でこの車と警察の車とが出会ったが、互いに意地になって道を譲らない。二、三問答をかわしていてもラチがあかないと見てとるや、大喝一声、「上御一人の車に向かって文句あるかッ」と怒鳴ったところ、恐れをなして警察の車が道を譲ったそうだ。オレが勤めていたころでも、この話を得意満面で語る空気が、まだ残っていた。ましてや、山村の住民に対する営林署の権威は大したもんで、オレのオヤジは、部落で七人も数珠つなぎに腰縄うたれて、引っ張られるのを見たそうだ。国有林の盗伐だ、というんだが、営林署の末端の小林区（ショウリンコと呼んだ）が絶えず見張っていた。実は盗伐といったって、ムチャな話なんで、何百年来、部落の入会地だった山を、明治政府が勝手に帝室御料林や国有林にしてしまって、百姓がむかし通りに山の木を利用しようとすると、ショウリンコが縛る。

さっきもいったように遠野には広大な御料林があったんだから、そこに住んでた人たちは随分、威張られたと思うよ。そのへんのことを、『遠野物語』を出した柳田国男はどう思っていただろうね。あの人はたしか農商務省にもいて、そんな事情に詳しいはずなんだから——。

ところで、ここで面白いのは——といっちゃなんだが、ムラの連中はショウリンコ（担当区主任）をこわがる一方、憧れみたいなものがあったんだなあ。現に、オレのオヤジなんか、小林区の臨時雇になって、馬で山を見廻るのが自慢でね、だからムスコのオレが、ショウリンコの上の本署の役人になったもんだから、これは大したことだと思ったのはあたりまえだ。オフクロは、どうしてもオレが営林署をやめるといって聞かないんで、またもぶったおれて二週間も寝込んだ。（ところがね、こないだオフクロがいうことがいいや。ありゃ、実はオヤジに言われて仮病つかったんだって。「二十何年だまってたども、これ抱えてちゃ極楽さいげね、一切合切ぶちまけておく」、というんだ。）

それはともかく、オレの時代でも、ちゃんと官服きて現場にいけば、オレの下に百何十人も臨時雇の作業員がいて、運転手つきのジープで迎えに来る。山の世界は、外の人の想像もつかない蟻の塔みたいなもんで、「人の上に人を作らず」のちょうど逆なんだ。まさに層々累々、本署では最低のオレでも、現場じゃなかなかエライわけ。

ところがオレはホラ、和賀の出身でしょ、営林署の他の職員は、町の農学校なんか出ているけれど、オレは和賀の山あいの出身で、春木切り（はるきき）なんかやってた方だから、想いは複雑だよね。春木切りというのは、毎年春に、国有林の雑木を払い下げて貰って、ムラじゅう総出で、たきぎを切ることで、営林署が指図する。その記憶がオレにはあるから、現場で、まったくオレのムラの連中と同じのが、オレ程度の営林署の若僧にヘコヘコしてるの見ると、カーッと胸に込み上げて来るものがあってね、許しがたい！　って気がしちゃう。山子（やまご）が伐採作業なんかしてるのを見ると、まったくオレが彼で、彼がオレなんだよ。江釣子村の菊池キヨばさまは、こううたう。

〽木挽き居たよだ　この沢奥に
　今朝もやすりの音がする
〽木挽きさんには　ほれるな娘
　木挽き半年山ぐらし

この「南部木挽き唄」をきくと、その気持が今でも出てきて、どうしようもない。それにね、キリスト教に入ってから「こんな堕落した仕事はない、これじゃ収税吏（みつぎとり）のマタイと同じだ」と思いつめちゃった。ついでに言うと、オレが時々、しゃべる『馬太傳(まだえでん)』という絵日記はここから名づけたんだ。

——まあ、こんな気持でいるんだから、オヤジが「国家公務員」なんていえばいうほど、聞くはずがない。オレは自分で稼いで、宗教画家としてやって行くぞッ！　って、無謀なんだよ、退職金六千円にぎって、勘当同然の状態で、盛岡へ飛び出しちゃった。

4

盛岡でめぐり会った女性、これが聖処女、ほっそりして、色が抜けるように白い、聖(セント)なになにといいたいほどでね、バプテスト系の教会の関係で知り合ったんだ。なんでも生まれは北上市で戦前までは東京で育ったそうだ。女子高校の二年生だったなァ。

彼女が胆のう炎かなんかで入院した。オレはしょっちゅう、見舞いにいっていたら、あるとき彼女のおしっこが出なくなってしまった。ひどいもんで、全身が小便くさくなってしまう。汗から出るのかなァ。このままでは尿毒症になる。医者は「もうこれ以上、尿が出ないようだったら機械で出す」というんだ。彼女は恥ずかしがって絶対にイヤッというし、オレも余りに可哀想だと思って、二人で神に祈って出して頂こうということになった。そりゃあ真剣だった。ベッドの上と下で、祈りに祈っていたら、彼女が、突然、出そうだというのさ、嬉しかったね、彼女をおぶって、なんの恥ずかしさもなく病院の廊下を走りに走って、婦人便所へ連れて行った、するとシャー……、思わず声が出た、アーメンって。

そしたら医者が信用しない。

「ソンナこと、医学的にあり得ない。あなたはいろいろ処置されるのがイヤだから、出たってウソついてんだろう」

オレはそこで「去れ！　信うすき者よ」と怒鳴りたかったけど、ぐっと心を落ちつけて、

「したらば、腹さ残っているかどうか調べてみれば、いいでねスカ、オレはホントに出たと思います」と医者にかけあった。診察したらその通りだから、医者がオレにいった。

「ほかの人は面会謝絶だけれど、あんたは来て、この患者に会ってくれた方がいい」って。

そのころ、オレはほいいとのように貧しくて、病院へ行って、お見舞い品の残りなんか貰って帰るのが、貴重な食料源だった。絵の勉強したくても、デッサン描く紙がない。他の連中はフランス製の紙なんか買ってはしゃいでいたけど、オレはゼネコないから、包装紙の一番安いの買ってきて描いてた。

つまり食料なし、画材なし、第一寒すぎる。だって、酷寒の盛岡の二月三月、オレの部屋の戸にガラスがはいってないんだもの。そういう部屋じゃないと、オレには借りれない状況なんだ。部屋代は月五百円、階下の家主一家がまた、ものすごい貧乏でね。毎朝、オレは自分の猛烈な咳で眼が覚める。というのは、下で、木の枝を拾ってきて飯を炊くから、その煙がオンボロ畳の間からオレの部屋に全

部あがってくる。仁徳天皇なら喜ぶだろうが、畳からスーッと煙がたち上がるんで、いうならば毎朝、狸いぶしにされているようなものさ。それにオレの屋根がこわれているから、オレが登りおりする階段に、昼間じゅう、雪のかたまりが、ダダダーッと落ちて、それがとけて水が流れっぱなし、それが夜になるとピーンとこおって、氷の階段になるから、危なくって仕方がない。

夜寝てても、とにかく寒いから、もちろん火の気ひとつないよ、——眠っているのか覚めているのか判らなくなる。モーローとして横になっていると、昼でも夜でも、蝶の群れが、ぱあーと飛び廻りはじめるのさ。速水御舟の「炎舞」の蛾よりもっと妖しげな蝶が、どんどん殖えていくんだ。これは、しょっちゅうだったね。そしてオレがハッとワレにかえると、オレのからだの両脇にずらーッとネズミが二十四ぐらいいて、オレの体温であたたまって一緒に寝てる。それが、オレがワレにかえった途端、ざあーッと逃げて行くのね。オレよりもっと貧しいやつがいるんだなあ。動物が寄ってくるなんて、まるで、アッシジの聖フランシスコみたいだ、と思ったよ。オレは瘠せに瘠せて、聖書しか読まなかった。

貧乏話にそれてしまったが、話をもとに戻すと、あの事件以来、オレは彼女とぐっと親しくなった。オレもムラでは、オボコアゲ以後、好きな娘の一人や二人いて、かなり自由にやっていたんだが、盛岡では男女のつき合い方がムラとは全然違う。全く東京と同じにしようという焦りがあるから、東京以上に山の手的なんだ。オレと彼女のことだって、向こうの周囲では、「会うな」「差し止めろ」って、気をもんでた。でもオレは毎日、会いに行ったね。朝、はやーく、病院の門は締まっているから、さらりと雪のかかった塀を乗り越えて、夜の明けるか明けないかに行くから、家の人は絶対に来ていないわけ、今でもオレが早起きなのは、これが原因の一つなのさ。

ところが、彼女の部屋は、個室じゃないわけよね。女だけの部屋だから、みんながオレたちの恋を護ってくれて、かえっていい、と思ったら、これはこっちの考えが甘かった。この誤算は、オレの若気のいたりというよりは、今、思うに、オレの育ったムラの文化と都会の文化との違いから起きたことなんだね。

思い出すのは、戦争負けたすぐあとの、ムラの旧正月の頃、ウチじゅうで夕飯くっていると、ヒュー、ヒューって、田植え踊りの通りッこの曲の横笛が聞こえてくる。道も田んぼも、雪ががっちがちに固くなっている上を、笛の音が渡ってくると、オレのバアさんが、「あーあ、またヒロが、ほら、カヤのとこさ行くぞ」といったものだ。ヒロはオレのムラの村長で笛の名人、未亡人のゆきよと好き合って、ムラじゅうに笛の音きかせながら通うんだが、オレたちは「ハア、また行ぐのだべ」と思う程度で格別どうこういうことはなかった。そりゃ、ライバルはみんなジェラシーにかられるよ、ジェラシーにかられながら祝福するわけだ、そこがまたいいね、そこにムラの恋の伝統があるんだ。結局、これが、オレのムラのおふくでん的文化（後述）なんだが、そこで育ったオレだから、ある寒い日、病院に例のごとく見舞いに行って、彼女のベッドにチョコッと横になっちまった、別にそうへんなことをしたわけじゃないんだ。でも、隣のベッドのひとが、「余りにも図々しい」と、彼女の家の人にいいつけたわけだ。向こうは盛岡の上流家庭で、土地の放送局から、文化放送をするようなオカアさまなんだから、大さわぎ、そのオカアさまが朝早く病院へ監視に来るようになってしまった。ある朝オレは「じゃ、またくる」といって、病室のドアを手前に引こうとしたら、彼女のオカアさまがちょうどやってきて、ドアをこっちへお押しになった。そこで、グッと開いたドアと壁との間の三角地帯にオレが押し込まれるようになったとたん、オカアさまが部屋へ入る、そのスキにオレがさっと廊下へ脱出するという、映画のシーンみたいなこともあった。

　オレはそのひとと結婚したかったなあ、二人とも熱烈なクリスチャンだから、ちょっと抱擁ぐらいはしたけれども、清純そのものだったね。でも、こちらは性的な衝動がないわけじゃないし、その点では実に辛かった。会っていると、最後には、それを堪（こら）えるので、もう塩梅（あんべ）わるくなったよね。しかも信仰の話はしなければいけないしさ、辛いね、なんていったって念仏の方がいい、どうしたって自然だ。

　こんなことがあった。病室に偶然ほかの人がいなくて、彼女と二人だけで神のみ恵みについて話し合っていたんだ。冬の夜でね、東京なんかと違って、シーンという音が聞こえてくるほど静かなんだ、そのとき、病院の窓の下を何者かが酔っぱらって通ったわけだ。そしたら、事実というものは皮肉といおうか、奇想天外といおうか、その酔っぱらいがね、大声でいうんだ、

「あーあ、いいお月さんだなあ。□□□□やりたいなァ」って。

オレは実に恥ずかしかった、オレの真実の声が体から抜け出して、あろうことか、あるまいことか、彼女の前でソウ叫んだのかと一瞬思ったほどだ。ムンクの絵に「叫び」というのがあるでしょ、ちょうどあんな感じ、耳をふさぎたいがもう間に合わない。彼女は信仰の力で一切聞こえないふりをしていたよ。オレは一瞬、度を失ったあと猛烈におかしくなって、それをこらえたときの苦しさは今でも忘れられない。

いや、まじめな話が、この「性」の問題にどのくらい真正面から取組むかによって、その人の宗教心のあり方が判る、とオレは思う。頭の先だけの信仰かどうかということがね。伝道団に入って天幕生活をするようになってからのことだが、オレが、聖書を読んでいる最中でも性的衝動が起きて困るといったら、ポーロ・ブローマンが、「お前だけじゃない、ボクもほんとにダメなときあるよ」っていってね、彼の下着に旧約聖書にあるようなしるしがあるんだ、ほんとに御苦労さんと思うわけだよ。彼はいうんだ、「これは日本人とか外人とかを乗り越えた、人類的な偉大な悩みを、オレたちは悩んでいるんだ」ってね。ポーロというやつは偉いやつだなァとオレはしんから思ったね。昭和二十年代から三十年代初めにかけて、アメリカ人といったら大変なもんだ、エライんだ。県庁なんかでもアメリカ人が来たといったら、ふるえ上がるんだから。その当時、ポーロやその仲間が一切の特権を捨てて、まさに文字通り地べたに寝ながら伝道していた。

こんなことがあったなあ、今、開発で問題になっている青森県の六ケ所村の海岸を、彼はどんどん行くんだよ。ひと気のない淋しい所をずーっと行くから、たった一人彼と一緒にいたオレが、何(ど)うしたんだといったら、「三年前、オレが好きだった、サクライ・キョーコという女と、ここで昼飯くったんだよなァ」って。たったそれだけのために、オレはずーっと連れてこられちゃったんだ。だけどポーロは淋しそうだった、「彼女は脱出して、どっかに行ってしまったなァ」って。ほんものの人間を、彼に感じたね。

ところで、オレとその女(ひと)との関係はどうなったかというと、ある日、「今夜お祈りの会があるから来てくれ」というので行ってみたら、教会の長老やなにかが、グルッと車座になって、オレをいわば宗教裁判にかけるわけだ。そのころすでにオレは、バプテスト教会よりも、伝道団の方にひかれていたから、それが異端であると責める。もちろん、彼女の家の方からも手が廻っていて、交際をやめろと徹底的にやられたね。その場ではとてもかなわなかったが、オレはオレで猛烈に腹が立った。盛岡の上流階級と手を組んで、彼女とオレの仲を裂こうと一役かうなんて、どこがキリスト教か！ キリスト教はもともと奴隷の宗教だった筈じゃないのか、偽善者どもめ！ ともうさんざん。彼女の家の人たちが心配する気持も、今なら判るんだが、そのときは教会の雰囲気がいっさいイヤになった。それがそもそも、オレが伝道団に飛び込むきっかけだ。学校はまだ途中だったが、そんなことは念頭になかった（けれど卒業資格は貰えたようで、あとで役に立った）。それより、何よりも重大なのは彼女のこと、実は彼女があとを追いかけて来るはずだった。伝道団は、独身をすすめてはいたけれど、結婚しているのもいたから、オレたちも二人でやって行こうと誓い合っていた。こうして二十一歳からあしかけ三年間の天幕生活が、奥入瀬川の河口、青森県百石の町を振り出しに始まった。彼女はどうしたか——、彼女は、いくら待ってもやって来なかった。

切支丹・クロポドゲ派 ―伝道―

1

オレの命は、来年の五月までだといぅお告げが出てしまって、実は気にしているんだ。

このあいだ、オレがある展覧会の出品者に選ばれて、嬉しくなって田舎のおふくろに電話したのさ、するとおふくろが、

「それはえがったァ、したども、ちょうどいまこっちがら汝(んが)さ電話するとごろだった。いいごどあった後は、必ず悪いごどあるがら、これから言うごどよーく聞け」

というんだ。それによると、秋田からムラに来た拝(おが)む人が、オレのおふくろをわざわざ呼んで、

「東京にいるオンジ（オレのこと）が来年の三月から五月までに、必ず大事にあって一命を落どす」、ことに、酒飲んだときが危ないというんで、まったく、オレもいい気持がしない。――というのは、オレはこれまで二回、五年目ごとに災難に会っている。それがすべて、三月から五月までの間で、しかも来年が三度目の五年目にあたるわけなんだ。オレも、うすうす周期だな、と思っていたところに、バ

ッチリそう言われたんだから、そりゃ気にかかるよ。十年前には、いまだに何者とも判らない連中に襲われて、脊髄ぶっつぶされて百日も入院した。五年前には、身を慎んでいたのに、ピンポンしていて転んだだけで、膝のお皿がぐじゃぐじゃに割れてしまって、これも百日の入院だった。だから二度あることは三度あるでお告げが気になる。いまオレは、如何なることをすれば充実した気持で、一日一日を過ごして、あの世へ旅立てるかということで、頭がいっぱいなわけだ。

オレが生まれたのは、『遠野物語』の故里に遠くない岩手県の山間だから、魑魅魍魎の話で充ちていて、バアさんなんか、しじゅうそんなこと言ってたね。

「ありゃ、狐館見るじゃ、みろじゃ、みろじゃ」というんで見ると、和賀川の向こう後藤野の家もない方角に、ぞろぞろと灯が見える。灯が一つや二つのときは狐火というが、何十、何百と並んで動くのが狐館だ。――ところが、それがほんとの狐の火であるかどうか、オレは余り信じなかったね。その気持を今にしていえば、「狐火」といわれる発光現象を認めることと、動物の狐が演ずる民話的風景をそのまま信じることとは違うとこどもながら思っていたんだろうね。その点ちょっと変わったこどもだったんだが、しかし宗教的なものについての感度はあった。だから、キリスト伝道団に入って、各地を廻るようになってから、その意味での不思議には何度も合わせてもらった。

オレたちの伝道団では、霊というものを信じる。その霊も何段階にもなっていて、最高の位の聖霊だとか、豚につく霊とか、いろんなのがあってね。悪魔がまた、わるさをするんだ。

今の十和田市、その頃、三本木といったけれど、あそこで伝道してたときだな。夏、蚕の一番蚕の桑を摘む時分だったけれど、中川原さんという六十近い小父が、自転車で、オレたちが一時、借りていた六畳間にやってきた、あのときはテント生活じゃなかった。

中川原さんは、奥入瀬川のほとりの中摂里、奇妙な地名だが、そこに住んでいた。奥入瀬川は十和田湖から出て、オレが伝道キャンプに最初に飛び込んだ青森県百石の町を河口として、太平洋にそそいでいる。この川を溯って、キリストがやって来たことになっていてね。そして戸来に行って、だから今、そこにキリストの墓があるんだ。これは、余りといえば余りな話なんで、

「そんだら、ゴルゴタの丘で十字架にかかったというのは、どこのどなたなもんであんすか」と土地の人に聞くと、「いや、あれは戸来で死んだキリストの舎弟の、石屋の石切だ」という答えが返って来るんダ、隠れ切支丹の伝承が転成した言伝えなんだろうか、とにかくびっくりする。

それはともかく、さっきの中川原さんだが、この人は「キリストを信じた」といって信仰を語りにやって来た。小父の信仰は、キリスト教を信ずるというのじゃなくて、キリストそのものの肉体がそのまま自分の体にぴったりハマッてしまった、という信仰なんだ。実はこれと全く対応する信心が、かくし念仏の例の六字のおいわれの中にある「弥陀同体」という言葉だ。これはうちのバアさんに言わすと、まるハダカになって如来さまにピッタリ抱かれることだ。

……ところで、中川原の小父は、オレたちの言葉でいえば、オダチ者だね。おだてられるというの

は、他人から何かいわれて調子に乗ることだが、他人が何もしないのに、自分で乗っちゃうのがオダチモンだ。お調子ものというのとは少し違って、一種の能力をもっている人なんだ。自己催眠的な能力といってもいいのかな。教育勅語にあわせて踊っちゃう例のツカオバとか、神話でいえば天鈿女なんか、オダチモンの元祖じゃないかな。大衆運動のリーダーなんかにもこの型の人がいるね。

その中川原さんが、では如何にしてキリスト者となったのか。小父は丘の上で畑を耕していた。日が暮れようとしていて、その西日が、左手の背中の方から射してくるから、そっちが暖かいのが、当たり前でしょ、ところが、右側の丘の下の方から、グーッとものすごい熱気が押し寄せて来たんだって。あれ！　なんだろうと思って、ひょこっと下を眺めたら、オレの友だちの長谷川義久が、それこそ信心さかんなころで、通りかかったわけだ。彼から、西日の太陽よりも、もっと強烈な霊気の波がヒタヒタと押し寄せて来る。そこで小父は、「これは、タダモンじゃない」と思って、長谷川の話を聞いて、直ちに入信してしまった。

オレたちの伝道というのは、前にもいったように、ロマ書なんかの一節を書いたビラを相手に渡して神の言葉を伝えるだけで、何もクドクド説かないんだけれど、この中川原さんみたいに、出会った瞬間、その場で入信する人が、たまにいるんだ。同じようなことが聖書にも出て来るね、ペテロの場合みたいに。――だけど、アメリカ人はどう考えるのかなァ。ポーロ・ブローマンなんかは、中川原さんの話はマユツバもんだと、ひそかにオレに言っていたけれどね。

「中川原サンネェ、ホントニ面白イヒトデス。ダケド、チョット、ナンテユウノ、カルーイデスネ」
彼らはやっぱり、しんそこ合理主義なのかなあ、それとも別の理由があるのか、ところがオレはそうじゃない。こと宗教に関する問題になると、オレはかくし念仏で基礎ができているから、中川原さんを受け入れる。ところが中川原さんは、さすが霊の人でね。オレがそういう人間だということを、ボンと悟ってしまうんだ。だから並みいるキリスト信者の中でオレといちばん親しくなった。

オレたちの伝道団はあとになって判ってきたんだが、独特の集団で、キリスト教の各宗派から飛び出してきた人たちが集まっていた。だから神さまに会う仕方もそれぞれ違う。バックファイヤーといって、火の玉のようなものが飛んできて、その衝撃を身に受けなければ真の信者とはいえないという宗派もあった。ホーリネスなんかそうだ。ジョーカルバルという兵隊がそれの典型的な信者だったなあ。霊感を感じたといって、パッと皮ジャンパーぬいでオレにくれたっけ、その皮ジャンまだ持ってるよ。……ところが、長谷川たちのブラザーレン、兄弟教会というのは全然そういうのはなくて、あくまでも冷静に神を求めて、身の周りを清く正しく保っていくことによって、黙っていても後光がパーッと射すというんだな。それから、オレが最初、影響をうけたバプテスト派、これがまた独特だ。ヨハネ伝三章十六節、例の「それ神はその独子を賜ふほどに世を愛し給へり。すべて彼を信ずる者の亡びずして永遠の生命を得んためなり」というアレを重視するセクトなんで、これは念仏の弥陀四十八願の一つとまったく同じだとオレは思った。——とにかく神に会うやり方はいろいろあるんだね。

ところが、中川原さんみたいな、日本の土俗の嗅いのする信仰は、少し肌合いが違うと、伝道団の連中は思っていたらしい。この点が、今になって考えると興味のあることなんだが、結局、キリスト教の各宗派の人が平等に集まってはいたけれど、本家がやっぱりアチラにあるということになっていて、日本で勝手に生まれて来るのはウサン臭いと思っていたようだね。外人ばかりじゃなく、オレの親友の長谷川なんかも、その頃、外人と英語でしゃべっていて、これから、一流の伝道者として修業しようとはり切っていた時期だから、中川原さんなんかに親しくされては、痛しかゆしなんだな。それで小父(おっちゃ)は、この中で語れるのはこの際オレだけだと見込んだわけだ。

「お前(め)さんなら聞いてくれると思うんであんすが、自分がなぜ長谷川さんが丘の下を歩いていたのが判ったのが、どいえば、もともとそういう能力を自分が持っていだがらだ」という。だから「邪教」の能力がキリスト信仰の聖なる能力を判別できたんだ。キリスト信仰からいえば、「邪教」とキリスト信仰とは、天地のへだたりがあるけれど、オレの今の立場から冷静に判断すればね――これも他の人からみれば冷静じゃないというかもしれないが――オレの立場からみれば、これはズルッとつながっているね、エライ神学者はどうか知らないけれども、民衆の心ではつながってると思う。

小父(おっちゃ)がいうには「自分は二十四、五のときに予感能力(やでるちから)があって、非常にいやだった」と言うのさ。道を歩いていて、向こうから来る人に会うと、「ああ、この人は、わがねな(逝くな)」と思うんだって、するとニ、三週間で死んでしまう。それが余りにたび重なって、しかも的中するので、つくづく厭になった。それでイタコへ聞きにいったら、

「あんだの家の裏の山際に、昔の祠がある。そごの神さまは大変な力がある神さまで、あんだへ、そういう霊力を呉でやるべとしてるのだ」

「えや、それハア困った。まったぐ有難迷惑だ、そんたな霊力、いらねッワ」

小父は神さまに強硬に辞退を申し上げて帰ってきてから、示された場所の落ち葉、朽ち葉をかき分けたら、お告げの通り祠があった。掘り起こして社を建てた、というんで、オレは実際にそこに行って見たけれど、二間四方以上もある立派なお堂が建ててあった。

しかし、オレが伝道団の連中のところに戻って、この話をしたら、ポーロたちは、「オー、ボーイ」といってから肩をすくめて、「ツェ、ツェツェ」と舌打ちをする。連中にそうやられたらおしまいだ。

2

中川原の小父は、オレに、こんな話もした。

六月、蚕を飼っていて、そのフンがつくと困るから畳をはがして片隅に積み重ねておく。ある晩、小父がその上に寝ていた、雨がザーッと降っていてね。囲炉裏には籾糠がくすぶっていた。マッチを

擦るのが惜しいから、火種を絶やさぬように、どこの家でもこうしていたものだ。その家が建って以来、何十年も囲炉裏の火を消したことのない家が何軒もあった。これは火継なんで、女の大事な仕事だった。そのために籾糠をくべて、夏でもプスプスいぶっている。この煙が目にしみてね、オレたちはみんな、目くされになってしまう。霊魂がまた、こういう囲炉裏のゆぶりをきらうんだ。

とにかく、こうして小父が寝ていたら、夜中に、戸の口の大戸が、ゴド、ゴド、ゴドーンと開いた。この大戸はピッタリ締めないのが仕来たりで、人は入れないが、ツバクラは入れるだけあけておく。これはオレのムラでも同じだが、オレのオヤジはムラで一番最初に、これをピタッと締めちゃった。大戸にはツバクラ穴をあけてね。これはオヤジが発明した穴ですよ、ツバメたちは窮屈そうに出入りしていた。それでオヤジは一躍、改革者だということになった。なーに、オヤジは要するに偏屈なんだ。ついでにいうと、便所の戸は、人が入っているときには絶対に締めてはダメ、必ず少しあけておく。この戸の開け締めの問題は、ムラのプライバシーの意識を知る上でとても面白いんだけれど。便所の戸が少しあいていると使用中の証拠で、ピタリ締まっていると、誰も入っていないのだ。オレのおふくろは、鉱山育ちで、いわゆる近代文化でしょ、だから、便所に入ったら戸を締めちゃう。姑のバアさんが、あいてると思って行くと、アリヤッということになる。それでバアさんに、しょっちゅう、叱られてたね。この方式は合理的なんだ。戸があいていると、遠くからでも、ああ、誰か便所を使ってるな、と判る。

中川原さんの話がどっかに行っちゃったが、話を戻すと、とにかく大戸があいた。小父がひょっと見たら何里も離れた七戸(しちのへ)の病院へ入院している自分のおふくろの妹、つまりオバさんだった。死ぬや生きるやで入院してるはずのオバさんが、浴衣一枚で、雨にびっしょり濡れて入ってきた。ひっちゃ、ひっちゃと歩いてきて、中川原さんの母親の寝てるところへ来て、

「あーねェ、あーねェ」

と揺り動かすけれども、全然おきない。小父は積み上げた畳の上からこれを見ていた。囲炉裏には、スーッと糠の煙が立ちのぼっていてね。それから、オバさんは、今度は、小父のとこへ来て、ぬーッと上からのしかかるようにのぞき込んで、冷たい雫が、へちゃ、へちゃとかかる。ところが、もうそのときには魅入(みい)られている感じがすでにしたんで、声が出ない。寝たふりをした。すると、仕方なさそうに、オバさんは戸の口から出ていった、濡れた足跡が残っているだけ。

……中川原さんは、パッとはねおきて、これは病院でオバさんが死んだのかもしれない、というんで、夜の明けないうちに、自転車でかけつけた。七戸の病院について、

「やッ、たまげた。オンバがオラ家(え)さ来たった」というと看護婦さんが、

「冗談じゃないッス、ゆべなから、つきっ切りで、点滴やってる」という。見ればオバさん、虫の息ながらまだ生きてるじゃないか、

「オバ、家(え)さ来(こ)ねがったがッ」ときいたら、

「行ってきたァ。ヌカはゆぶたいし（けむたいし）、姉に声かければ寝でで返事しねし、汝さ言えば、眠ぶたふりして返答ねし。そしてオレは、川向がいの実家さ寄りだがったけれども、奥入瀬川があまりの水増しで、橋が落ちて死ぬどおっかねがったがら、行げねで、戻ってきたァ」

というわけだ。それから一時間後に、「御臨終です」ということになった。

この話をして中川原さんは、オレに判るか、というから「ああ、判る、判る」というと、「キリスト教でもそこまで判る人は、余りいねんだよなあ」。

長谷川は、オレのムラの出身だとなっているが、生まれが北海道の開拓民なんで、ある種の科学的なものをもっていて、こういう話は気重なんだ。そこで、

「中川原サンネエ、ソウカモ知レナイケレドモ、神ヲ信ジテクダサーイ。信仰ハスバラシーデス」

こういう風に言われちゃうから、小父も参ってしまうわけだ。一方、オレの方は、「いやァ、そであんすか、そであんすか、それはあり得るごどだ、お祈りすべぎだ」と感心するんだから、中川原さんとしても話し力がある。しかし、こういうオレの考え方は、伝道団の空気からズレていて、結局のところ、伝道団の仲間から見れば、オレが脱落する原因の一つだったかもしれないね。長谷川は立派な伝道者になって、パキスタンに行ったりして、頑張っている。

3

実際に一軒一軒歩いていると、中川原の小父(おっちゃ)みたいな人にでも、まず巡り会えるものじゃないんだ。伝道に訪れると、その家の人が現われて、「お前(め)は、アーメンのひとが」というから、「そうだよ」と答えると、

「アーメンして歩いていれば、手間ッコナンボにがなるてが」

「いや、これは天国さ行げるがら、金に替えられるような問題じゃないんだ」

「ほー」

こういうやりとりを何回かやって、昼飯になってね、あーあ、なんていう反応のなさだと天を仰いで慨嘆する、というのが、まず平均的な伝道生活だった。

実はね、この土地の人とのやりとりの風景を、オレはあれから二十年も経ってもありありと思い浮かべるんだが、近頃になって、この風景のかくされた構図が、やっとはっきりと摑めるような気がする、そのことを是非話しておきたい。

……つまり、こういうこと、土地の人達が「お前(め)はアーメンのひとが?」と聞くのは、「米軍(アメ)のひとが?」と聞くことでもあったんだ。というのは、オレたちの伝道団は、なぜか、青森県の三沢基地を中心として東北三県を廻っていたんだから、その地方の人にとっては、アーメンもアーミーもアメリカもおんなじことを意味していたに違いない。そこで次のような構図になる。

㈠土地の人から見れば、米軍はみんなキリスト教だろうし、伝道者はその基地本部の指図を受けて廻

って来ると思っている。

(二)オレ自身は、神から直接慈恵をうけ、独自の立場で伝道していると信じている。

(三)しかし現実には、ドルを三沢基地で円に替えたり、基地へ我々だけ特権的に招かれたりすることもあったので、客観的にみて協力を受けていたことは否定できない。

(四)だから、土地の人に、オレたちがアメリカのつかわしもんと見られても止むを得ない。

図式的に示すと次のようになるだろう。

民衆	オレ	客観
米軍	米軍	米軍
=	≠	……協力
アーメン	アーメン	アーメン

だから、「お前はアーメンのひとが?」と聞くのは、「お前は米軍の指図でアーメンを説いて廻っているのか?」という、まったく鋭い質問も含んでいたわけだ。オレの方でも、ウスウスその事情は感じてはいたんだが、「ンであんす」とアイマイに答えて、その権力のモヤモヤを伝道に利用していた

と言えないこともない。心の深層をいささか無理に凝固させるとそうもなるというわけだ。前にしゃべった、あの三本木の神社のお祭りで、「神は神社にはいない」という幟を持って乗り込んでも、群集に袋叩きにされなかった理由の一つは、ここにあったんだろう。――こうしたところに、オレの心苦しさがあった。しかしそれがはっきり掴めないままに、伝道団を去る気持の一部になっていったんだなあ、今になってそのことが判る。しかし当時は、そんなことは意識の表面にはほとんどのぼって来なかったのも事実だ。伝道生活が厳しければ厳しいほど、オレの心はますますとぎ澄まされて、新聞読んでも不潔、ラジオ聞いても不潔、あらゆるものが全部不潔に思える。ついには、なんてオレ自身も不潔なんだろう、とわが身を責めながら歩いていた。性的な妄想が起きるのが辛くってね、二十一、二、三のころだよ。

　青森県の五戸（ごのへ）の町外れの木の下で、弁当食っていると、物すごく年寄ったバサマが、すり寄って来て、「あすごの家（え）さ行ってみだが」という。その家は、ついさっき、オレがキリストの話やりに行ったら、聞くような、聞かねよな、ウマイこと扱われて、出てきたばかりの所で、土間がぐるっとあって、その中に立派な祭壇がばーんと飾ってあった。イタコの家なんだ。

「あすごは、ただ、儲げでるぞ」

と、そのバサマはいう。「大したもんだ、儲げでえる」というのが、このバサマの口癖で、忿懣やる方ないようすだが、なにやら恐ろしがっているようでもある。弁当食ってるそばに坐り込んで語るところによると、その家のイタコに拝んで貰おうと思って、バサマが米をねじり袋に入れ、それに西瓜もあげ申そうと思って持って行ったんだそうだ。ところが、途中でノドが渇くし、重くて面倒くさいので、杉の木の下でその西瓜を自分で割って、食ってしまった。イタコのお礼は、米だけでいいので、西瓜は余分なわけだ。——さて、米を捧げて、祭壇の前に坐って拝んで貰おうとした途端、イタコの面相が夜叉のように変わって、

「うわーッ、うーん、うーん」

と唸り出した。そのときまでのバサマの心境はどうであったのかというと、「まんず、これだけの祭壇に、小豆だ、米だ、酒だと上がっているのを見れば、この家の内証はいいんだな」と嫉妬の心をムラムラと起こしていたのだそうだ。ちょうど、そのとき「わーッ」と唸られて、

「お前は、オレんとごさ持って来た西瓜を、杉の木の下で食ったなッ」

バサマがワッと逃げ出すと、

「その上、お前は、オレの家の内証ええどヤギモチ焼いでるッ、この欲たがりされッ」

と怒鳴られて、命からがら、逃げて来たんだという。つい目と鼻のとこにあるイタコの家から、まだ妖気が漂い出している気がしないでもない。バサマはオレにイタコ退治でもしてくれというのか、

「お前も神の人なら、そのぐらいのこどは判るべや」

「うんだ、わがる、わがる」

こういう世界を、二年も三年も旅していると、ときに、ポカーッと空しくなる、虚無的になってしまうんだね。

ポーロ・ブローマンでさえ、テントの中で泣いていることがあった。「オレは十年以上も伝道していて、ひとりとしてオレの話をきいて、真の信者になってくれたものがいない」といって、ワンワン泣くんだ。

4

伝道団が廻る範囲は、北は下北半島の最北端から、青森、岩手、宮城の三県で、なぜか日本海側にはいかない。行先の決定は、神に導かれるままにということになっていて、誰が決めるというわけじゃないんだが、ほとんどこの範囲にとどまっている。これは謎で、今、オレが考えてもどうしても解けない、これだけは実にヘンだ。

オレたちは、神の言葉を伝えて歩くほかに、聖書の一節を書いて、家の軒下などに貼って歩いた。現在、東京でも、ごくたまに見ることがあるけれども、黒く塗ったブリキ板などに、「イエスキリストはすべての罪を贖(あがな)う」とか、「死後、裁(さば)きにあう」とかペンキで書いてある。このあいだ軽井沢でも見た。アレはオレたちが考え出した方式だ。だから、あの貼札をみると、ドキーッとするね。ああ、彼らは、ここまで来たんか、オレは脱落してしまったが、連中はまだ燃えつづけているんだなあ、と思ってね。

とにかく、真黒く塗った上に、聖書の文句を一行書いて、何々伝道団なんていう名前を入れないのが特徴だ。「ものみの塔」とか「バプテスト」とかいう個別セクトの名は絶対に売り込まない。自分の姿を徹底的に消していくんだ。だからほんとのことをいえば、オレたちの伝道団には名前がない。これまで、キリスト伝道団なんて書いてきたが、これはかりにつけたので、東北の人たちは、オレたちを、アーメンとかキリストのひととか、呼んでいたね。東北三県をサーカスのようにグルグル廻っているだけで、きわめて捉えどころがない。名簿などは地上にはなく、天国の命のふみに神様が記入なさるもので充分だ。神に直面し、その導きによって動くというのがオレたちの根本だが、オレ自身、ときに空しくなるくらいだから、伝道される相手が戸惑うのが当然だ。

「せば、キリストを信ずるのはどうすればいいのが、オレはこんたな山の中で暮らしているんだけれど」と、青森の山奥で樵夫(きこり)が言った。「いや、あんたは、もう信じたんだから、もうそれで天国さ行くんですよ」と言うと、

「どごがさお詣りに行がなくてもいいのが」

「いいんですよ」

「したってお賽銭あげるとが、善光寺詣りに行くとが、いろいろあるんじゃなぇが？」

「いや、本山は天国だ」

「じゃ、あんたの名前はなんていうんだ、住所はどごだ」とオレにきくから、
「そんなのは全く関係ないんだ。オレが今、話したように、
キリストは貴方のために死んだ、
生き返った、
天国さ行った、
また迎えに来る、
これだけを信じていれば、それでいいんだ」
「ほんとにそれだけが、随分、拝み力のねェ神さまなもんだなァ」
オレが思うには、この力っ気が世の中のいわゆる「宗教」組織なんだね。このあいだ、オレが美術を教えている中学校の卒業生の母親が一団となってやって来るのに会った。みんな晴々とした顔で、「せんせい、大石寺へ行ってきました」というから、「あそこはすごーく立派ですねェ」といったら、静岡名物のワサビ漬を一つオレにポンとくれたけれど、そういうのは拝み力があるわけだ、行くところがあるから。ところが、オレが伝道してたのは、お詣りするところは全然ない、だから信仰心が宙に迷ってしまう。具体的なものを求める日本人の気持に非常になじみにくい。しかしオレたちの伝道団はこの困難に真正面からぶつかっていった。そこはやっぱり凄いよ。
伝道は十人ぐらいの小グループに別れて、男女半々で、したがってテントを二つ張る。目的地に着

くと男はテントを張り、地面に穴を掘って便所にする。女は食事の用意だ。雪の上でもワラを五十センチの厚さに敷き、その上にアンペラを置いて寝袋に入れば、カゼひとつ引かなかった。

人種的には、アメリカ、カナダ、ドイツ、日本、それに朝鮮人が一人いた。その中で有力なのが、ポーロ、ダビデ、フィリップのブローマン三兄弟。ポーロは敗戦直後進駐してきた米軍の衛生兵で、除隊後、鉄道工夫だった。夜間中学を出ただけで、宣教師になるにはまったく学歴不足だったが、カルフォルニアの山中にあったニュー・テストメント・チャーチ（新約聖書教会）という特殊の教会で訓練を受けてから、日本へふたたびやってきたのだという。それにクリフォード・ファンガーとその妻と弟、キャロル・オーカンダ、バーバラ・マーチ、ジョン・ウッドなど、二世としてトム友納、ジャン後藤。これらと行動をともにした日本人は、中村博人は東京の大学出、馬場豊は福島県、伊藤、長谷川、高橋そして女で佐々木、鈴木、桜井などは岩手の出、栃木の長谷部、そして青森県八戸の堀内英行は十五歳で、高校一年を中退して加わった。この他に何人もいたが、外人たちはブローマン兄弟ら少数をのぞいて北米の大学出のインテリで、日本人はほとんど新制高校か中学卒だった。この人たちと伝道団の出会いにはそれぞれ物語があるんで、たとえば長谷川は、田植えの最中、キャロル・オーカンダの福音伝道の言葉をきいて、泥足を洗って、そのまま ついて来て、二十年になったのだ。そして感動的なのは、この外人連中が、東北の田舎からポッと飛び込んだオレたちに実に親切で、国籍を越え、人種を越えて、人間がこんなに仲よくなれるものか、と思うほどだった。オレたちは、占領された側なんだけれど、そういう立場から見るとびっくりする。エラ・ヤーケルといって、アメリカ国籍をもったカナダの大学の女の先生だという人がね、アルミの弁当箱にサンマの開きビダッとのせて、タクアンづけつめて、神に感謝して食べている。オレなんか、娑婆のあらゆるとこで、エライ人が威張るのを、イヤッというほど味わっているから、これには心を打たれるんだ。

食い物の話といえばね、ポーロ・ブローマンの弟のダビデ・ブローマンは、豆腐くって、アレルギーだかで二週間ばかり寝込んじゃった。それを、子もちの未亡人で、大変な金髪女で、髪の毛の長さが一メートル以上もあった女がね、なぜか介抱しているうちに、できちゃったらしくて、結婚しちゃったよね。それが豆腐くったせいなんだ。

伝道団にもいろんな問題があったけれど、二代目をどう継ぐかというのが大問題だった。ポーロも岩手の女と結婚したしね。こどももふえて来るんだ。悲惨な話なんだけれど、クリフォード・ファンガーさんの息子にダビデ君というのがいたんだよ。彼がね、青春期になったら、伝道に疑問をもってきたらしいんだ。それで、単車を買って乗り回したりして、伝道団の厄介もの扱いにされていた。それで彼はね、雪で凍った道路を全力疾走して、トラックと正面衝突して、ハラワタふっ飛んで死んじゃった。死ぬとき「イトーさん、イトーさん」と呼んでいた、大工の名前だったってね。日本人の、人間的に親しくしてくれた人なんだって。当たり前の人間的な人間、その人の名前呼んで死んじゃった。ジェームス・デーンみたいな青年で十九歳だったかな。ポーロはダビデ君に悪口いわれたらしいんだ。見抜かれちゃったのかもしれないな。青年だから鋭く、伝道団の生活は不自然だというようなことを言ったんじゃないかな、偽善的だとかなんとか。——しかし、これは限りがないいんだよね、偽善を排するという意味でなお偽善的になるしな、人間から偽善を剝いだら、玉ネギの皮みたいに残念ながらなんにもなくなっちゃうものね。クロポドゲの方じゃ、偽善なんてものを問題にして、命かけたら損しちゃう、という考え方だな。どうせ、年とればそんなのは枯れてなくなってしまうに近いもんだからさ。だから、あんまり、こっちが迷惑こうむらない限り、偽善なんて、どうぞという感じなんだ。

ところで、次第に判ってきたんだが、この伝道団は、国際的に有名になって来たらしい。日本の、しかも東北の片隅でしかやっていない。そこで各国から何度も研究にやって来た。アメリカの名だたる神学校の総長などが、来る。研究されるというのも、面白いところがあるね。こっちからも向こうが見えてしまう。研究に来た神学博士を逆にオレたちが研究しちゃうんだ。大変な神学教授がやって来て、いかにオレたちに親愛の情をもってはるばると来たか、というポーズで抱擁したりするんだが、オレたちは霊の力で、彼らの中身がみんなわかる。全然ナンセンス、お笑い草なんだ。しかも、ポーロ・ブローマンが、徹底的にリアルに、神学教授の話をオレに訳して聞かせてくれる。アレは今、お世辞を言ってる、実は、黄色人種と抱き合うと、自分の体が黄色くなると思っているんだけれど、我慢しているんだ、なんてみんなバラしてしまうんだ。「信仰は知識じゃない」と、オレたちはいつも言っていた。

その頃、いま、東海村の原子力研究所に勤めている高橋良吉君が伝道団に入ってきた。自分も一命を擲ってやるという。じゃ、オレと二人で行こう！　ということになった。伝道はなるべく二人で行く決まりだった。一人だとやっぱり「芸」をやっちゃうんだな。つまり、すごく宗教的に昂揚してワーッといっちゃう、二人でいればそれがナンセンスであるということが判る。キリストが二人で行くようにすすめているし、ことに聖ポーロがそう指導しているね。刑事も必ず二人で行動するそうだけれど、そこに何か知恵が働いているんだと思う。

オレは、良吉君としばらく組んで伝道していた。吹雪がビュービュー吹いてるときでね。まず良吉君が、家の戸をノックして「ごめんください」という。家の人がチラッと顔出して、「アッ、アーメンのひとだッ」といってバーンと戸を締めてしまうんだ。ところが、そのあとで、他を回ってからもう一度、今度はオレがその家の前に立つと、向こうの方からスーッと戸があいて、オレの話をきいてくれる。そういうことが何度もあった。それで良吉君は、「オレはダメだ。やっぱり、伝道者にふさわしい能力を、神の賜物（たまもの）として持っている人と、持っていない人とがある。すべてのものが伝道できるのじゃない」と、彼は絶望して、くにに帰ってしまった。

5

ところで、たまに一人で伝道に行くと、二人で行ったときには起こり得ないようなことがあるんだよね。

青森県の三沢基地、朝鮮戦争が終わったばかりで、飛行機がしょっちゅう、朝鮮へ往ったり帰ったりしていて、またすぐ戦争の火が噴きそうな空気でね。朝鮮へ行く兵隊連中は、いつ死ぬか判らんというんで、みんな神へ祈って大変だった。オレたちミショナル（伝道者のこと）に、それこそ、パンの一切れでも喜捨することによって、生きて帰れるとほんとに思っている黒人や白人がいっぱいいた。それから、GIに会いに、アメリカから恋人が大勢、追っかけて来ていたね。十七や十八、十六なんてのもいた。どうやって来たのかと聞いたら、ボタンをつける工場に女工になって働いて、一生懸命、彼に会いに来るためのお金を貯めてきたんだって、そういう女の子もいた。ああ、日本にはこんな純情な女の子はいない、――いたかもしれないけれど――オレはそのときは、そう思って感動したよ。こういう女の子が基地の宿泊施設にいっぱいいるんだ。日本人の知らない世界だったね。

オレたちミショナルは、基地内へでもどこへでも入り込んだが、オンリーさんのハウスにもよく行った。彼女たちは、旦那が来ないときは、まずヒマでしょうがない。あるとき、オレ一人で、一軒のハウスをノックしたら、

「ウチもキリスト教だから、まあおあがんなさい」と大変な美人が出てきたんだ。ホーレン草茹でたり、おいしいもの出したりして、ゆっくりしていってと、実にこまやかに接待してくれてね。そうされると、オレもフッと俗人に戻るじゃない。神のひとも、俗人になりそうになるから、それをグッと数倍の力で押えつけて、信仰を語りに語ってから、伝道のテントへ帰るわけだ。

ところがね、「来週の日曜日に必ず来てください、私は絶対待っています」といわれているから、つい、ふらーと、また一人で行くじゃない。やっぱり聖書かかえて、いかにももっともらしい顔してね。そして、ノックをコンコンとして中へ入って、またネグリジェ姿の彼女と話しはじめる。そのうち雰囲気がだんだん粘っこくなってきてね、だけど話していることがあまりに厳粛だから、これ以上に、進むわけにもいかない、なんて密かに思っていると、彼女が、

「私たちは、まったく、この真理を信じているのよ」

と言って、グッと腰を浮かしたんで、オレはハッとした。そのとたん「いま、彼を紹介します」というんだ。すると、ヌーッと、ピンクの仕切りカーテンの奥からデッカイ黒人が出てきた。——この日は、ほんとに、なんともいえない、恐ろしい、淋しい、自虐的な心境になって、テントに戻って、寝袋にもぐりこんだな。とにかく、伝道には二人で行くというのは、深い知恵がこもっていると思う。

6

伝道テントには電灯なんかないから、早寝早起き。朝、明け方に起きて、奥入瀬川のほとりを歩くときの爽やかさは、今は絶対に得られない。川をひょっと見ると、シューベルトじゃないけれど、大きな鱒がスーッとのぼってきたりして、そこに朝日がさして、浄福というか、安らぎというか、あの充実した気持を、もう一生、オレは味わうことはできないだろうね。——でも、三年目に、オレは伝道団を出ることになった。その原因は、これまで語ったようにいろいろあるが、オレがクロポドゲの家に育ったというのが根本だろう。キリスト教とクロポドゲ、このオレにとって、きわめて重大な信仰についての考えをまとめてみると、結局、以前にオレが書いた次の文章につきるだろう。

「渋谷地流は、イエスと阿弥陀如来との名前のちがいをのぞくと、きわめて、キリスト教的なものである。決定的なちがいは、キリスト教においては、他の宗教をいっさい否定するのに対し、渋谷地流においては、他の人間あるいは動植物すらも含めて、その生き方に干渉しないということである。むしろ外から入って来るものと共に生きながら、いいところはいただくという姿勢がみられる。ただしそれは、何か上からおしえられた、ものの選び方によっての取捨ではなく、まずもって、永年この地で生きぬいて来て、発見した選び方によってつかみとるのだ。だから、戦争で一億がみなたたかいに進むかとみられたときに、高橋ハギはひとり、ともかくも、七十歳の中風の体をふるわせて天皇の間違いを指摘出来たのだった。」（『集団―サークルの戦後思想史』思想の科学研究会編　平凡社　一九七六年）。

以上は今だからそう思うんだが、当時は伝道生活について、もっと直接的な疑いをもった。結局のところ、アメリカ本国（ときには日本）で、誰かが働いて稼いだドルが喜捨されて日本にきて、三沢基地なんかで円に替わり、ブローマンの手を通って、オレを養っている。この全体の仕組みが、オレにはぴったりこなくなってきたんだ。つまり「アメの人」でいいのか？　ということだ。こういう飯の食い方は、なんていっても間接的だし、人工的だよね。自分でちゃんと、アルマイトのボールなり、バケツなりをもって、残飯でも貰ってそれで生きて行くのじゃなくては、胸はって神の道なんか説けないと思うんだ。直接、自分が頭をさげて、目に見える形でパンを貰って、食うことによって、伝道者というものの惨めさと誇りがハッキリしてくるわけだ。乞食だよ、タイやビルマの坊さんのやり方が本当だと思うな。

それによくよく考えると、オレは他人から養われるよりも、自分で稼ぐべきだという気が強くなった。かくし念仏、――またここでかくし念仏が出てきてしまうんだが、クロポドゲは生産といつも結びついていて、あんまり観念的に飛躍するようなことはしない。飛躍したものは結局、人工的だ、無理しているんだ。かくし念仏は信心のない人でも生きのびられる道であってね、これは大変いいもんなんだよ。信心の強い人が救われるのじゃなくて、信心の弱い人も、縺れあって救われる道だから。

このあいだ、ウチの兄貴が導師（しえんしえさま）に昇格して、その寄合いに、クロポドゲの大導師さまが来たんだけれど、ぜんぜん、仏さんの話しないのさ。今年の冷害で稲はどうなっているの、とか自分の田は機械植じゃなく手植だからよかった、とか語って、さっさと帰っちゃった、オレは、そこだと思ったね。あの頃、オレも若かったから、そこまで考えたというとウソになるが、感じ方は同じだった。まあ言ってみれば、オレは切支丹クロポドゲ派だ、いや、オレんちのバアさん連中に言わすと、クロポドゲ流切支丹といったところなのか、——で、今でも、脱落の痛みはあるけれど、これでいいんだという気もするんだよ。

残飯といえば、今、オレが行っている中学校では、毎日、厖大なパンや牛乳が捨てられている。給食の牛乳なんか、ビニールのキャップもとらないのを何十本も、じゃあ、じゃあ下水に流してる。オレも持って帰って飲んだりするけれど、とても追いつかない。ビンを返さなければならないし、手続きが面倒だったりして、流すより仕方がないというんだ。カレーのときなんか、生徒たちがみんな食いたくない、というんで、まったく新しい手つかずのカレーを、バケツごと持って行って、やっぱり捨てるしかない。こういう余ったパンだの牛乳だのオカズだのを集めたら、オレの中学校だけで、毎日、五十人くらいは生きていけるよ。世間の人はあまり知らないが、ほんとに、恐ろしいことが、起こっているんだ。この状態が、ずーと、オレが死ぬまで続くのだったら、——といっても、五月で死ぬというお告げなんだが――今から、学校教師をやめて、あのパンや牛乳食って、あとはすべて、絵を描くだけに時間を使いたいという気持が、今、猛烈にしている。だから、オレは毎日、給食の時間にいう。

「お前たちは必ず滅ぶぞ、キミたちこれで滅びないことはないよ。これだけはオレが言っておく、他の先生はなんていうか知らないが、これでバチがあたらなかったらおかしい」

こう言っても生徒たちは、つらーッとしているね。

豊かさというものは、自分が豊かであると感じる気持のない人には、あり得ないんだ。あのパン、牛乳の捨てようを見ているとオレは思うよ。捨てておいて、いつも飢えているんだ、もっとおいしいものはないか、もっと素晴しいものはないか、という風にね。捨てながら飢えている、こんな時代を、クロポドゲもキリストも救いようがあるんだろうか。

神さま送り

1

神さまを拝みすぎることを「神いじり」という。

――こないだ、びっくりしたんだけれど、オレのムラに神さま祀る人がきて、居着いちゃった、信者がだいぶできてるんだ。これがなんと、加太こうじさんの昔からの友だちなんだって、この前、加太さんと話してて偶然に判って、アッと驚いた。――それぐらいオレのムラは、神いじりが好きなんだ。なんでも拝むしね、突如として神がかりする人がいる。

オレの生まれた家の姉かまどにあたる家に、田中館のミドがという女がいた。このミドが突然、霊感をうけて、八幡さまのお宮を建てろ！ といわれたわけ。戦争中なのに宮大工たのんで二間四方ほどの立派なお堂を建てちゃった。みんなは仕事を休んで手伝いをしたんだが、彫刻したり、金色の飾りがついてたりして、実に大したお堂になった。扉に日と月の恰好に穴があいてて、日の穴から神さまが入り、月の穴から神さまが出て、自由自在に遊ぶんだそうだ。今の金にしたら何百万円もかかったろう。魂入れの日は大変だった。みんなに金の入った餅をまいて、三日三晩神楽をかけてどんちゃんさわぎもいいとこだった。

その他、お光さま、創価学会なんかもひと頃はずいぶん入ってきて、みんなコロッと信者になる人が多いんだ。奇妙に信心深いんだな。でも、ここでは古くから伝わる信心の話をしようと思う。

クロポドゲは別格として、信心のうち大どころは、まず山形県の羽黒山の山伏系統のもの、それに坂上田村麻呂関係のものだね。田村麻呂の乗った馬がオレのムラで倒れたんで、それをこの辺で一番高いところに祀ったのが、今の駒ケ岳だ。だから馬頭観音が多いよ。そのあと、八幡太郎義家が攻めてきたから八幡さまがある。

——そうそう、オレたち日高見国の原住民の立場ということになれば、ヤマトの将軍なんて拝んじゃいられない。ヤマトの軍勢を迎え討った悪路王アテルイとか、和我の君ケアルイ、胆沢の君アザマロなんかを、第一にあげなくちゃいけないわけだな。前にもしゃべったと思うけど、古来、蝦夷の地には日高見国なる独立国があったんで、今いう北上川も実は日高見川というのがほんとなんだ。まあ、そういうわけなんだけれど、今やその栄光も忘れ去られ、アテルイ、ケアルイという方々に対しては、神さまというより祖先としてあがめるといった感じの伝承がわずかに残っている程度だったね。和賀川のちょっと上手に、アテラクという所があって、そこにアテルイが住んでいたとオレたちは聞かされていた。

まあ、そんなのが神さまのうちの大どころで、あと細かいのとして、ムラの各家に祠みたいなのが必ずあった、つまり屋敷神だ。それから、屋敷の外に、やはりその家が持っているホコラというか、お堂っことというか、要するにいろんな神さまが、幾つもあるんだ。どのくらいあったかなァ。まず大仙人さま、御前淵のお堂、観音さま、田中館の八幡さま、羽黒山のお堂っこ、前田中の八幡さま（ミドがが建てたお堂）、水神さま、南島の明神さま、それからさっきの西向の観音さまに匹敵するのが東向の八幡さま——この二つは大きい。——主なものだけ数えても九ツはあった。これが、部落みんなで維持しているお堂やお宮というのじゃなくて、結局、屋敷神の延長みたいな感じで個人の所有なのね。たとえば、南島の明神さまは、南島家の田んぼのまん中に太い杉が一本あって、その下にお堂っこがある。田中館の八幡さまは、昔、館があった高台に建っていて、以前はその館の守り神だったそうだ。その八幡さまを祀るのは、その館の一族の子孫にあたる家だ。だから職業的な神主なんていやしない。第一そんなことじゃ食やなぐなる。

こういう神さまが、屋敷神をこえているということが、なんで判るかというと、基準があるんだ。近所の人が元朝詣りに行くというのが、その判定基準だ。元旦に、あら雪漕いで、お詣りするようなお宮は、それでもう個人の祀る屋敷神じゃなくて、ある程度、一般性をもつわけだ、といっても、村会議員一人立てられないくらいの狭い範囲の人が来るだけ。それ以上に権威をもつお宮になると、その神さまの祭りの日に、部落のみんなが仕事を休むのね、観音さまとか東向の八幡さまとかの祭りがそれだった。このときは、川向こうのムラの親戚に招待の使いを出す。

ところで、こんなに沢山の神さまがいるから、旧の八月十五日頃から秋祭りが始まると、だいたい、年の暮れまで、毎晩どこからか神楽拍子が聞こえてきて、若衆たちは、もう血がさわいで家にじっとしていられないわけさ。祭りといっても、踊りや神楽があるのは大きい祭りだけで、普通なんの芸もなくっても、いわば夜這い的な気分で押し出すんだ。ワーッと出かけて、娘たちぼっかけて、神さまおがんだかおがまねェかったのか忘れてしまって、お宮まで行かねで帰ってくるやつもいる。祭りは旧暦でやってたから閏の年には十三カ月あってね、八月が二回来ることもある。すると八月の満月が二回あるからバッチリ二度お祭りをする。とにかく、祭りで忙しくって大変だったよ。

こういう神さまたちとクロポドゲとの関係はどうなっているか、ケンカにならないか？　いや、ゼーンゼンそんなことはない。クロポドゲはそんなちっちゃい信仰じゃない。そういうかくし念仏以前からの雑多な信心を全部呑み込んじゃって、拝みたければどうぞ！　というんで、邪宗だ、邪教だなんてメクジラたてたりしない。

2

オレが語りたいのは、田中館の神さまが、出征したときのことだ。

神さまが発つ！

というのは、オレにとって衝撃的な光景だった、まだ国民学校だったけど、記憶に焼きついて残ってるよ。昭和十七、八年、もう戦争がだいぶ終わりになったころ、いや、早い神さまは昭和十五年ごろからだったかな。

ある日、「神さまがたつことになったずがら、ひとつ頼むまちゃ」というふれが一軒一軒廻ってくる。ムラの主要な家には、その神さまの世話をしている家の当主から、正式の挨拶の人がくるけれど、その他には「触れ」とか「言継(えづ)ぎ」とかで知らせてくる。「神さまがたつ」というのは、決して無責任な噂なんぞで流れてくるあやふやなことじゃないんだ。正式な挨拶ということになると、必ず二人揃って衣服をととのえて訪問するわけね。型がちゃんときまっている。「触れ」の場合は、これも重要な連絡に間違いがあっては困るというんで、一人の人間が一軒一軒まわる。「言継(えづ)ぎ」というのは、回覧板みたいに、順ぐりに連絡を流すやり方だ。田中館の神さまがたったときには、オレの家には「触れ」で連絡がきた。この触れを差し立てたのは、高橋義介どので、それがこのお宮のいわば別当だ。ある夜、田中館の神さまが夢枕に現われて、

戦争がいよいよ大変になって、自分もじっとしていられねェから、これから戦さ行ぐ！

というお告げがあった。そして、何月何日にたつとちゃんと言われたから、こりゃお送り申さねばいけない、「神さま送り」すべきだ、となった。——田中館の家の人に赤紙がきたから、神さまも出征するのかって、いや、そんなのじゃない。神さまがひとりで行っちゃう。つまり、日本が大戦争して

て、負けそうで危ないから、いても立ってもいられないから、オラも行って戦ってくるぞ！　というわけね、神さま個人（?）の意志だ。この神さま送りがいつ頃からあったのかというと、日清日露のころにはあったそうだ、だがその前の百姓一揆のときあったかどうか、これはオレには判らない。

神さまがたつのは夕方ときまっていた。その理由はあとで判ると思うけれど、これは人間にも都合のいい時刻なんだ、仕事が終わってみんなが集まってくるのに。もちろん、神さまなんだから、みんなが困るような時刻になぞたつはずがない。

田中館の八幡さまは、前にもいったように高台にあってね。昔の館の濠の跡なんかの残っている由緒ある場所に、一間四方くらいの古ぼけたお堂が建っていて、平常はなんていうこともないんだ。ところがこの日は、義介どのの家の人が障子紙を切って幣束をつくって、お堂に上げ、お燈明をつけたりして、いかにも物々しい。そのうち、神楽太鼓たたける人、手びらがねやる人、それに笛吹きとがやってきて、神楽囃子をはじめる。手びらがねというのは、まあ薬罐の蓋のようなもので、太鼓、笛、手びらがねのこの三つしか楽器はない。高台から神楽囃子が響くと招待された家の人も、されなかった連中も、みんなスッ飛んで来る。「神さまたつずジャ」という話はムラじゅうに拡がっているんだから——。小学校の教室ぐらいの小さな広場が一杯になるわけだ。そのとき篠笛を吹く人なんか、実に恰好がよかったもんだ。これから吹くというときは、襟のうしろの首のとこに、キザッぽく二、三本差しておいた笛を、スポーッと抜いてさ、どぶろくを口に含んで、バーッと吹きつけておいて、サッとその笛を振ってから、やおら吹き出す——と、いい音が出るんだ。その仕ぐさがピタッと決まっている。若くって、笛がうまかったら、これはもう、女性にもてすぎて身をもち崩すといわれていた。こういうことで、ええ若者（あんこ）かそでないかが決まる。だいたいモテルかどうかが生き甲斐につながるからみんな真剣だった。

神さまは、和賀川を舟でたっていくんだ。和賀（わが）とはアイヌ語で清き水の意味だ。その聖なる川を征く。田中館の上から川までは距離があるので、馬に神さま乗せて、水際までお運び申し上げなければならない。これはオレが後で絵をやるようになってから見てハッと思ったんだが、絵画史上、春日権現曼陀羅というものが、非常に古くから伝わっていてね、それで見ると、神さまが渡御するとき鹿の鞍の上に幣束が立っているのね。オレのムラの場合も、それとまったく同じだった。

馬には荷鞍がつけてある。百姓は乗馬用の鞍なんてめったにもってない。たとえあったとしてもこの場合はやはり荷鞍だ。やわらかい藁をもとにして、藍染の麻布（のの）でくるんで、山形にして馬の背にピタッと吸いつくようにしてある。腹帯や胸当て、手綱（はずな）や尻がいは裂き布まじりで精一杯はでにつくる。

お囃子が最高潮に達したころ、義介どのはお堂に安置された御幣をうやうやしく捧げもって、馬の鞍に立てる。すると馬が、そのとたんに、ものすごい荒息になってくるんだ、ハカーハカーッって。鼻穴おがして、何か非常におぼでえもの載せられたという様子をする。馬につける荷は、普通は一駄

だけれど、それを二駄つけたぐらいに馬のやつ、背骨をぐっと重くして、足をグンとふん張る。そこでみんなが、

じゃあ、じゃあ、神さま移った！

と認定するんだよ。オレもものすごいことだと思った、実際に見ているんだから疑いようがないね。

馬はやがて坂をくだり始めるんだが、パカパカなんて歩かない。一歩一歩、足どりは慎重そのものだ。馬体にジットリと汗が光って、吐息が荒い。これも神さまが乗り移っている証拠だって年寄り連中がいっていた。このとき一番恐ろしいのは、馬の足が石車になることだ。石車というのは、馬の足の裏に丸い玉石がポッとはいるわけね、そうすると、馬が力いれてふん張ろうとするときに、石がコロコロっと、コロの働きを中でして、肉は切れるし、馬はころぶしで大変なケガをしちゃうわけ。だから、ふだんでも道行く人は、こういう玉石みつけると、だまって、わきにどけておいてやるのが常識だった。蹄鉄つけてたって、つけてなくたって、それと関係なく大ケガになる。砂利ばっかりの道なら、馬は意識して頑張るから大丈夫だ。平っぽい道にコロッとそういう石があって、それにウカツにも足をのせた場合に石車になる。これから見れば、オレたち人間は四つ足でなくってよかったとほんとに思うね。だって歩くのに二本だけ気を配っていればいい、馬ってのは四本だ。だから馬の口とる人は、石車にならないように、最大の注意を払ってくだっていく。馬がぶっ倒れて幣束（つまり神さまだ！）を落とそうものなら大変だ。

みんなは馬のうしろをゾロゾロついてくる。こども達は餅を貰う。こうした費用（かかり）は別当の家でもつんだけれど、今日は何か出費があるといったら、必ず周りでしかるべき連中が、パッと包んで持っていくんだ。包むといったってお金じゃない、モチ米をもっていく。だから、すべてヨエ（結（ゆ）い）になってるから莫大な出費なんかにはならない、まあ自分らが楽しむんだから出すのがあたり前だ。

こうして坂をくだっていって着くのが、和賀川のほとりの土井口（どいぐち）という所だ。水の取入口を土井口といって、かのおふくでんの流行女（はやりおなご）土井口のコトジの生まれた場所だ。この川岸についてみると、すでに神さまが乗る杉板の舟が用意してある。長さ一メートルぐらいの真新しい舟で、ムラ一番の大工、春松どのや権之助どのが腕によりをかけて作った。この舟に幣束を移し、次にマッコといった松根のタイマツを乗せる。そのころは夕闇がすっかり濃くなって、タイマツの焔に御幣が白く浮かぶ様子がなんともいえない。みんなで拝んでから一気に舟を川の中心へ放す。川の瀬に揺れながらくだっていくんだが、いかなる波の荒いとこであろうと、嵐（ふりぶき）であろうと、神さまが乗っている舟の場合、絶対に幣束は倒れないのが、これまた不思議なんだ。オレが見た範囲では、例外はなかった。暗い川面を、燃える松明をのせながら幣束が風に白くなびいて、ずーと北上川との合流点めざして下っていく。みんな必死に拝んでたね、柏手うって。神さまだからナムアミダブツじゃないけれど、ウチの何すけが無事なよう、どうぞ助けてくなしぇ、と祈っていた。自分の家の亭主（おやじ）やムスコが戦争さ行ってるから、この神さま送りには、みんななにをおいても参加する。川の曲がり目で、遠くの川原の松林にさえぎられるまで、チラチラ松明の火が見える。これがなんとも心細かった。はじめのうちは、万歳万歳なんていう人もいたけど、最後はみんな泣いてた、「南方さお出るそうだずども、いづおがえりになるがな」なんて言ってね。

こうして神さまが出征してしまうから、そのあと神さまの空屋ができるはずだ、——とこう考えるのは、今のオレたちの考え方なんだよ。オレも神無月なんてのを覚えてしまったからそう考えるんだが、あの頃はみんな相変わらずその後も、お宮に拝みにいっているんだ。神さまは以前の通りいるわけなんだな。——それでも、

「田中館の神さまは帰って来たべがな?」

と、萱葺きの普請のときなどに仲間衆が聞くと、

「まだだずじゃ」

と、まるで出稼ぎに行っているオヤジの送り迎えをするようなやりとりもあった。

——ところが、こういうことがある。あるときヒョコッと、

「田中館の神さま帰ってきたどすや」

という話が流れてくる。戦争はまだ終わっていないのに——。

「あそこの神さまは戻ってきたズ」

「じゃ、どこそこの神さまはどうだっけ？」
「あそこは、未(まん)だだずじゃ」
こういうやりとりが、聞こえてくる。今度はたったときと違ってなんの祭りもしない、ひっそり帰ってくるんだ。ほんとに出稼ぎからオヤジが戻ってきたようなもので、えらく人間的な感じだったね。戦場で戦ってきたんだから、お堂の扉に弾丸のあとが残っているとか、血がにじんでいるとか、そういう話があってもよさそうだが、そんなのは聞いたことがない。

　そのうち戦争が終わっちゃった、負けてしまった。でも、神さまの責任を問うわけじゃない、そんな風に考える思考の型が元来ないんだ。天皇陛下の戦争責任の場合とおんなじ——。こういうところに、天皇についての感じ方の岩盤があるのじゃないの、天皇が神さまなら当然そうなるわけだ。

　ところで、面白いのは、ムラじゅうの神さまがどんどん出征するのに、でっかい神さまは行かなかったことね、観音さまなどはたたない。一番いったのは中どころの神さまだった。どこの神さまがいった、あそこもいった、というんで、たつのがはやりみたいになってね。だから意地悪く考えれば、「どこの神さまもたったのに、オラ家(え)の神さまがたたねェのは申訳(もさ)げね」と思っていると、心理的に夢みたのじゃないかな、それが夢枕に出てくる。

3

神さま送りは男が中心になってやる、では女はどうする？　オレの方じゃ、男女ほとんど平等で、別におなごがエラクないってわけじゃないから、女だってだまっていない。ただもっと自分と密なるものに精力をつくしてた。オレのおふくろは、オヤジの無事を祈って子の刻まいりを百夜やった。昭和十二年の夏ごろだったな、「支那事変」でオヤジに召集かかった。オレは二歳半だったよ、でもよく覚えている。ウソみたいだけれどホントだ。オレが足に釘さして泣いてたときだから、その痛さとともに覚えているんだ。ちょうどそのとき召集令状がきたというんで家中大さわぎしていた。とにかく大酒盛りしなきゃならないからその準備が大変だ。神さま送りの何倍もの祝宴を張る。実はこのあいだこの話をしたら、若い人から、

「召集されてつれて行かれるのに、なぜお祝いなんかするんですか」

といわれて、あーあ、時代は変わったなあ、と感嘆してしまった。

とにかく、おふくろは家の人にも内密で、観音さまにはだしでお百度まいりした。三十三観音の一つでキキメ抜群といわれていてね。

　人はただ行きかよひけん山口の

　　千手の誓い頼母しのみや

おふくろは、とてもおっかながる人なんだけれど、山の裾の森の中の観音さままで通ったのに全然こわくなかったって。何が一番おそろしかったかといえば、他人に会いはしないかということだったそうだ。他人に見られると願が破れるからだ。

観音堂には穴のあいた石がいっぱい藁を通してつるしてあった。耳が聞こえるようにという願のためだ。では目が悪い人はどうするか、——これには一つの話がある。オレのムラじゃすべての水は西から東へ流れるときまっているんだ。なぜかというと、西側は奥羽山脈だから川は東の北上川に向かって流れる。ところが、たまたま西に流れる水があると、そこは聖なる流れである！　とこうなっちゃう。その水で目を洗うときくんだ。これがね、田んぼに引くために誰かが作ったミゾで、東から西へ流れるところでも、聖なる水だというので、目を洗ってしまう。まん車の堰こといってたね。

話がそれたが、戦争がひどくなると、ムラじゅうに元気な男は見られなくなった。

アレが召集だどッ！

と、残された老人や女子供が驚く。丙種のひとがどんどん連れて行かれてしまう。送り出した神々の力も空しく、白木の箱になって帰ってくる。今日もソンソウあしたもソンソウだ。そこで、女たちは祈りをこめて、足の形をした穴のあかない石を、河原から拾ってきて神さまに納める。戦場で毎日歩きまわるオヤジやムスコの足にまめができないようにというんだ。このことについては、和賀の地にがっちりと腰をすえて、千人ものおなごたちの声を聞いて歩いた、小原徳志さんのノートがくわしく伝えてくれる。足の形の石ころを拾ってきて、よく洗って神さまにあげて拝む、神さま送りの舟がたって行ったあの河原の石ころだ。

気持ガ良ガンベェ・足ァ楽ニナッタンベェ。足アラッテ寝ルベシハァ

と語りかけた、と『石ころに語る母たち』(未来社)に書いている。

――でも、どんどん死んで帰ってくる。はじめに死んだ人は、それでもよかったんだよね。村葬だって盛大なもので、オレたちも参列して唱歌をうたった。

〽雲山万里をかけめぐり、敵を破ったおじさんが、今日は無言で凱旋す……

雲山万里というのは、いい言葉だと思ったものね。――戦争も最後の方になると、骨箱になんにも入ってないのがあった。ある母親は、骨箱あけると、小さな骨が一つコロッとあるんだって。自分のムスコのならば、と思ってかじってみたがムスコの味はしなかった、ダマサレダッ……と思ったと徳志さんが聞いて書いている。――それでも、みんなは神さまを怨んだり怒ったりしないんだ。神楽拍子でたって行った和賀の神々は、戦かたしたりするほど強くなかった、小さな弱い神さまなんだ、……そのことをみんなが知っていた。

はなしのはきご

なるこけずり

オレなンどは、虫歯があちこちに発達しているから、自分用に手製の爪楊枝を何本も持っている。金属製のとか、木のものとかいろいろだが、しかし竹製のものは駄目だ。尖端が脆くてすぐ使えなくなる。そこで、爪楊枝は黒文字のものに止めをさすというのが、オレの結論だ。木のねばりといい、口に入れたときにプーンと拡がる爽やかな匂いといい最高だ。あれを爪楊枝に使うことに気付いた先人に、オレは満腔の敬意を捧げる。直観だけれど、縄文時代の人がすでにクロモジの木に目をつけていたのじゃないかな、おそらく竪穴住居の屋根を葺くのに、このクロモジを使っていたのだろう。

——というのは、オレの地方では、昔から萱屋根を葺くには、クロモジの木が必ず必要なんだ。その話にはいる前に、屋根葺きの手順を少し説明しておかないといけない。

まず太い材木で屋根の骨格をつくり、次に横に木を渡して次第に骨組みを仕上げていく。ここまではあたり前だが、これからが面倒、――この上に葦簾(よしず)を掛け、その上に苧殻(おがら)をのせ、さらにすす萱(がや)といって古屋根の萱をもってきて敷くんだ。そして、新しい萱はそのまた上にはじめて葺くわけで、非常に手が込んでいる。熟練とチームワークがよくないとうまくいかない仕事なんだ。

ここでちょっと脱線すると、この「すす萱とり」という役が、屋根葺というこの共同体の行事のいちばんのスターでね、そりゃ恰好よかったもんだ。長さ四、五尺のすす萱を、一抱えもある束にしておいて、これを下から五、六メートルもある屋根の上に、ボーン、ボーンと投げあげると、上にいるすす萱とりが、ラグビーのボールでも受けるように、バッと受けとめる。ハェキタッ、ハェキタッと投げあげて来るのを、体のバランスをとりながらパッパッと受けとめて捌いていく姿は、なんとも颯爽としていて、娘たちの憧れの的だ。そうだ、女でいえばジキ振りの女のひとの魅力と好一対というわけ……。

――このすす萱とりも、実をいうと、すすで体中がまっ黒になっちゃって、いやな仕事なんだが、みんなの注目と尊敬を集めて大屋根にあがっていると思うと、ちっともイヤじゃない。屋根替えに行って帰ってきて、

「今日はなにさせてもらってきた？」

と家の人に聞かれて、

「すす萱とりさせてもらった」

というと、家の人も、

「こいつもハァ、一人前の男になったなあ」

――ところが今では、屋根替えのための秋ぱ仲間（なかば）でも、このすす萱とりがいやなために、萱葺き屋根に反対する人がふえて、屋根替えができなくなった。それで、オレの家（え）も数年前にトタン屋根になってしまった。だって駄目さ、いやな仕事、つらい仕事、しかし必要な仕事をやるひとを、共同体のスターに仕上げていく、あの秋ぱ仲間（なかば）の愉快な気分が、もうなくなったんだから。

話をもどすと、こうして屋根の上に葺いた萱をギューッと締めつけるときに、なるこというものを使う。長さ一間余り、太さが大人の親指ほどの木で、布をミシンで縫う場合にたとえると、上の糸にあたるのがなるこだ。つまり萱の上になるこを置いて、屋根の裏側から大きな針で穴をあけて、これにワラの手縄を通し、なるこに掛けてギューッと萱を締めつけて屋根に固定するわけだ。――このなるこはクロモジの木を削ってつくる。皮があると、そこに虫が入るから皮を剝いで白木にするので、この仕事をする人を、「なるこけずり」という。

このなるこけずりが、またムラでもっとも権威ある長老の仕事だった。オレの知っている人でいえば、前田瓢鰻亭とか渋谷定輔とか、ああいった風貌姿勢、あの人たちを見るとオレ、ちょうどなるこけずりにいいなァといつも思うよ。年とってるだけじゃなくて、「米をつくるのではない、田をつくるのである」なんていうような、ああいう線にいきついている人が適任なんだ。

この長老が、屋根替えする家の、いちばん安定したような場所を選んで、萱で風よけつくって、タキ火でもして、バッチリ坐り込んで悠々と仕事を進める。何しているかというと、いろんな家からしょって来させたクロモジの木を、鉈でスッスッスーと皮を剝いでいく。まあ、仕事はそんなもので、では何故なるこけずりが尊敬されるのかというと、屋根替えのありとあらゆることを経験しているからだ。たとえば、針さし（屋根の裏側に入って、萱を固定させるための手縄を通す針をさす人）が、目に萱さした！といえば、「忍冬の煎じ汁で洗え」、破風の古板の釘で踏み抜きした！といえば「ネズミくそを飯粒で練って貼れ」とか応急処置をすべて知っている。ときに空気がだらけているときは、一声かけてみんなの気分を引き締めてみたり、すべてここぞという急所に目が届いているから、みんなの尊敬を集めてしまう。

――で、このなるこけずりの所へいくと、プーンとクロモジの匂いがするのね、つまり皮を剝ぐからいい匂いが立ちこめている。だからオレは、今でもクロモジの爪楊枝をくわえると、こどものころの、あの祭りのように活気にみちた賑わいが、わーッと甦ってくる。仕事と楽しみがまだ分かれずに沸き返っていたあの光景が、ありありと見える。

――オレたちは今、あの気持をどうしたらとり戻せるのか、昔に逆戻りするのじゃないやり方で――。

いま思い出したが、柳田国男が『故郷七十年』の中で、クロモジのことを「鳥柴の木」という題で書いている。その説く所によると、この木の枝に供物を付けて神へ捧げたらしい。

お歯黒

うちのマルばあさんは鉄漿（かね）つけていた、つまりお歯黒だ。昭和二十七年に死んだから、最後までこの風俗を残していた記録保持者の一人かもしれない。もっともオレのムラでは、昭和十年代には、お歯黒をつけた年寄がまだかなりいて、こども心にちっとも変だと思わなかったんだが、全国的にみると珍しい例だったのだろう。

ばあさんの話によると、これは既婚者のしるしというだけでなくって、妊娠しても歯が緩まないようにつけたのだそうだ。そのせいか、ばあさんなんぞ死ぬまで虫歯一本なかったからね。オレはばあさんのこの話を聞いて、なぜオレのムラでお歯黒がこんな後まで残っていたか、判ったような気がした。ものの本によると、鉄漿（かね）の起こりは、京都のお公家さんの風俗のマネだと書いてあるけれども、やっぱりつけるだけの実際的理由があったのだ、いや役に立つと信じなきゃオレのムラのおなごたちが、こんなにしぶとく続けるはずがないよ。おなごたちはなかなかの現実主義者だから、公家のマネなんかだけで続けるとは思えないね。

ばあさんはせっせと鉄漿つけた、毎朝というか、いや、オレが歯をみがく程度の頻度でつけていた。囲炉裏（ひびど）に、五合くらいはいる甕を埋めておいて、その中に馬ッコの鉄靴（かなぐつ）やすっぱいどぶろくやなにか入れてブツブツ発酵させていた。鉄漿わかすとよく言ってたね。これには秘訣があるらしいんだが、教えないうちに死んでいった。ばあさんの方は教えたくても、その秘訣を聞いてくれる女が、もういなかったんだ。

面白いのは、ハギ曽祖母（ひっこさん）の方は、総入歯なんだけれど、これが明治時代に作った、真黒いお歯黒つきの総入歯なわけさ。

ハギひっこさんは、昭和二十四年に死んで、その遺骸をみんなで橇（そり）に載せて、雪の中を、山の小高い所へ持っていって火葬にした。そこは、オレたちがよくドングリ拾いにいく楢の木と栗の木がまじった林でね。それが冬だったから、次の秋に、オレが栗拾いにいったら、ばあさんの入歯がコロッと落葉の中にころがっているじゃない、真っ黒い入歯だからまさしく、ハギひっこさんのだ。火葬のとき、お骨揚げ（こつあ）で拾い忘れたんだな。オレはちゃんと拾って——いや、こわくない、懐かしかったよ。葉っぱにくるんで持って帰って、お墓のわきを掘って埋めた。今でもきっと、あそこの土饅頭のところに在るだろうね。

医者殿のヒサがが

オレのおふくろが、他人に田んぼごまかされたと思い込んじゃって、どっと寝ついたのね。うん、先祖伝来のものを、自分らの代にそういうことになっちゃうのは、こりゃもう大変な恥で、ごせやけて（腹が立って）ごせやけて、どうしようもないわけさ。おふくろ曰く、これというのもおやじも悪い、田の区画整理のときに旦那ぶってお人好しだったからだ、極楽さ行っても御先祖さまに合わす顔がない――と、まあ、こう思い詰めたんだ。なにしろ「息切り眼の閉じ次第、安養浄土に初参り」と毎日「六字のおいわれ」唱えているおふくろだから、深刻に考えた。

「極楽」といっても普通、都会人がいうのとまったく違うんだね、もっと肉体的に摑んでいるっていう感じ……。これは田んぼの事件からずっと後で、おやじが死んで三周忌のときなんだけれども、

「極楽さいげば父さんいるべな、おんなじ蓮の華の上で、毎日毎日、ああやって酒臭がったらなんじょすべ、何千年も何万年も……」

と真剣に悩んでいるから、オレが、

「まさがしや、酒飲んだりしないんでないスか、第一、男でも女でもなぐなってしまうどしや」

と言ってやった。またこないだなんか、極楽浄土をありありと見た、そう、白昼夢じゃなくて。

「お前（め）ならゼッタイ描げる」とオレに構図をちゃんと示して、ここはこういう色だったけ、といや、その詳しいこと、詳しいこと――。

まあ、今でもそういうおふくろだから、田んぼ盗られたと思い込んだその当時は、先祖に申し訳ないと寝込んじゃって、何日も動けないのよ。そのとき、医者殿（いしゃど）（屋号）のヒサがが来てくれた。若い頃、一日に麻機（ののばた）を一反も織ったというあのヒサがが来て、

「まんず、だまってオレさ追でこいや」

と言って、おふくろを連れ出して、川向こうのムラの苗取りの日傭いにしちゃった。

結局、あれだね、うちのおふくろという人は、人を使ったことはあっても使われたことは一度もないから、プライドが傷ついたことがないのね。だから田んぼのことでバッチリやられるとショックを受けて、体までクタクタっとなっちゃった。そこをヒメがが連れ出して、だまって苗代の中にザンブリはいらせた。

……それでね、ヒサがが やら川向かいの竪川目（たずがめ）のばさまたち六、七人と並んで苗取りしてたんだって。すると突然、体が痺れて動くのね、ゆーらり、ゆーらり。おふくろはとっさに、

「あやや、中気にあだったんでねがべが」

とゾーッとしたって。他のばさま連中も、一せいに立ちすくんで誰もひとこともいわない、実はみんな「中気だ！」と思ったんだそうだ。――ところが、勇気あるばさまが一人、苗代の畔（くろ）にはい上がっ

て、立ち木にすがりついたら、なんと、木が揺れている。「あッ、地震だ」と叫んだら、みんな中気の恐怖から解放されて、苗代からはい上がって手をとり合ってよろこんだそうだ。うん、おふくろ、これがきっかけで直っちゃった。なんにも面倒なこと言わないで立ち直らせてくれたんだ、今でいうと作業療法っていうのかな。ヒサがの家（ゑ）は、先祖に医者がいるんで医者殿（いしゃど）という屋号がついているんだが、まさにその名に恥じない、オレは今でも感謝している。

鉱山衆(かねやましゅ)

オレのおふくろは鉱山衆(かねやましゅ)でね、――というのはおふくろのオドッツァンは、水沢鉱山の大工の親方をしてて、これがオレの母方のじいさんだ。明治元年生まれなので、明治(めいじ)という名前つけたけれども、みんなそんなハイカラな名前は判んない。ウメジと聞こえるというので、ウメジ、ウメジといってた。ところが、役場に届けにいったら、役場の係がウメジというのもヘンだといって勝手に梅蔵(うめぞう)にしてしまった。無茶な話なんだが、昔はそんなのはざらだったって。オレの母方のばあさん、つまり梅蔵の妻になったヒメという人は、実はサンという名前だったけれども、これは菱内(ひしない)の旧家の生まれで、お姫さまみたいな育ち方したから、周りでヒメ、ヒメと呼んでるうちに、それが名前になっちゃった。

さて、この梅蔵、最初はムラの大工をやっていたが、非常に図面引くのが上手で重宝がられて、近くの水沢鉱山の仕事をするようになった。ところが、この鉱山(やま)は例の足尾銅山と同じく古河市兵衛がやっていた。それで梅蔵じいさんは、足尾に行かされて修業して戻ってきて鉱山大工の親方になったわけ。

オレのおふくろが小さい頃は、まだじいさんの暮らしが安定してなくって、火野葦平の『花と竜』

みたいなことが年中あったそうだ。おふくろがパッと目を覚ますと、自分が寝ている上を、九寸五分を光らかして、半纏着たのや刺青彫ったのが、ぼわーッと寝部屋の中を跳びまわって喧嘩やってる。おふくろは、十にもならないうちから、そういうとき、あっち逃げたり、こっちに伏したりして生き延びてきているから、きついところがあるんだ。こういう体験を経たのが、いわゆる鉱山衆だ。そこいくと百姓は、ただ鎌といで、草刈ったり馬の世話したり、田植えしたりして、参えった参えったとこぼしながら頑張ってるんだから、鉱山衆とは気風が全然違う。だから、こどもを怒るのだって、おふくろの場合は突然、頭にびんがりっと来る、オレたちは何が悪くてはたかれたのか判らない。一方、おやじは純粋の百姓系統だから絶対になぐらなかった、百姓はなぐらないんだよ。これにはクロポドゲ関係なし。だって、うちのおふくろも鉱山で例の伯楽天皇から御執揚うけてる信徒なんだから。鉱山は忙しいから、百姓みたいに解説てからゆったり叱るなんというヒマダレはしなかったのじゃないかな。突然ビーンとはたくんだよね、オレなんかなんだろうと思うとまた一発バーンとくるんだ。あとでおふくろの気が収まってから、「どこがオレは悪かったのか?」と聞くと、おふくろはケロッとして、

「あや、何して悪がったがさっぱり覚えでいねェな、とにかくはだがねばなんねがったんだべじゃ」

というんだ、ハハ……

ところが、ばさまたちはこれを見て、

「鉱山衆(かねやましゆ)はすぐガギはたぎつける」

と非難ごうごうだった。

……そこで、オレは百姓と鉱山衆の混血なんだが、さァ、どっちの血が強いかというと、まァオレの場合は鉱山衆系統が強いのじゃないの、絵かきといえば一応、技術だからね。だからオレはこう思っている、鉱山衆が文化を伝え、それを百姓が受け継いできたんだろうと——。鉱山衆というのは、鉱山の景気次第でまたどこかへ行ってしまう漂泊性をもっているから、そこから得たものを、定住民たる百姓が受け継いで育ててきたんだろう。

ながらぺっちょ

よくムラの連中が、

「鉱山(かねやま)さ行ってみるべが」

といっていた。オレはこども心に、

「あの山の奥に、どんな素晴らしいところがあるのか、金(きん)が出るとごさ行ってみたい」

と思っていたね。ムラにはまた鉱山が好きで堪らないという女(おなご)たちがいるわけさ。だいぶ以前の話だけれど、いい家(え)の娘が、

「なじょしても鉱山さ行って、お女郎になりたい」

と言うんだって。そして遂にその願いを貫(つらぬ)いて、一生お女郎さんとして嬉々として暮らしたそうだ。まあ、これは極端にしても、オレのこどもの頃でも、百姓の間では退屈で身がもたないという女(おなご)たちがいたものね。この人たちは小ざっぱりした服装(かったじ)して、紅白粉に鉄漿(かね)つけて、縞の風呂敷に売る物もって、鉱山へ行って何か商いのまねなどして、自分も適当に気晴らしをして来るんだ。これが常時、鉱山の文化を運んでくる運搬役になっていた。

これで有名なのは、おキノ、久蔵ヨシ、おシマッコ、西川原田のマル（オレのばあさん）、それに例

のツカおば。みんな歌ッコ、踊リッコをこなす何かのタレントを持っていた。これがめかしこんでいそいそと鉱山へ出かける。

ところで、ながらぺっちょという花があってね、まさにぺっちょみたいな形なんだ。こっちで言えばなんというんだろう。スーッと伸びてパッパッとピンクとか赤とかに咲く花、グラジオラスかな、あれが庭先にいっぱい生えている。オレが小学校の三年生ぐらいだったとき、ヨシががとか、おキノががとかという、そういう鉄漿（かね）つけて恰好いいひとたちが、オレをその鉱山みせに連れて行ってくれるということになった。そしたら、ながらぺっちょを一抱えも採って風呂敷に包んで出掛けたんだが、鉱山につく途中で一休みしたとき、小束（こたば）に体裁よく稾でくくるわけだ。これを、鉱山の長屋がずらっと並んだところで売った、そしたら買う人がいるんだね。

アーア、ハナコ買ウドゴアル！　というのはものすごい驚きだった。花なんぞにカネ払う！　これがオレにとっての鉱山の印象だね。次の日、学校に行って「花っこ買うけじゃ」と言ったら、みんな目をまるくしていた。

それから、うちにキリドメ柿というのがあったんだよね。大きさが梨ぐらいになって、それが非常に水っぽくて二日酔いには抜群なんだ。これは塩づけにすると、素晴らしい味がする。とにかく酒飲んだ次の日にそれを食うとパッと生きかえるような気がする。ピクルスのような感じもするし、コーラ呑んだときみたいに舌にチリチリともくるし――。これを、人間が二、三人はいるような大樽にぼんと漬けていた。そうすると、うちの舎弟、寝しょんべんたれだったけれど、これが食いたい。しかしそいつ食ったら、利尿に猛烈にきくんだから一発で布団はごっちゃり。それで、食うな！　としょっちゅう、怒鳴られていた。――こういうのも鉱山へ持っていくと売れるわけだ。

それで、鉱山はよく掘れているときは景気がいいけれど、さほどのなおり（新鉱脈の発見）もなく掘れなくなると、すぐまいってしまう。百姓に比べると不安定なものだ。オレの小さいころ、水沢鉱山の奥に土畑（つちはた）鉱山があって、二万六千人だかが住んでいた。ところがおととしオレが行ってみたら七千人ぐらいになって、ゴーストタウンが厖大に続いている。大過疎地帯になってしまった。川尻という駅前の通りは、以前は繁華街的になっていたんだが、そこのあと継ぎの若い連中は全部、東京だ、盛岡だ、北上だと出てしまって誰もいない。それでこどもは一人も新しく生まれないから、アウトになるんじゃないかと言っていた。百姓は土地をもっているから、そこから全部離れるということはなかなかしないけれど、鉱山衆はさっさと流れて行ってしまうわけだ。

その鉱山衆にクロポドゲがはいったというのは面白いことなんだが、結局、落盤事故で埋まった死体の硬直をやわらげる伯楽天皇の布教のおかげだといわれている。それで欠ノ下（かけのした）講というのは何百人とふくれ上がったが、鉱山が潰れたら、どんどん減ってしまった。鉱山衆は諸事万事、変動が激しいわけだ。

父さん

あれはいつだったか、昭和十四、五年ごろか。おやじが出先きから戻ってくるとみんなを、「こっちゃこい」と常居（居間）に集めて、

「これからオレを、父さんと呼べ」

と藪から棒に言い渡した。オレたちはそれまで「おどちゃ」と言っていた。ところがこの「おどちゃ」というのが、これまたオレの家独自の高度の呼び方だったんだよね。ムラの他の家では「とっつあ」とか「ちっち」とか言っていた。オレの育つ頃は父親も母親も同じ言い方だった。母親のことを「ちっち」と言う言い方があったしね。あとは「おっちゃ」とか「おど」とか、その家その家で全部違うといっていいぐらいだった。家風家柄でみんな違う。

ところが、オレのおやじは諸事万事につけて改革者だから——小便所をムラではじめて母家の中につくったり（それまでは別棟）、大戸をぴったり締めることにして、ツバメのためには出入りの穴をあけたり、えぶり馬鍬なるものを発明したり、枚挙にいとまがないぐらいに改革したんだが、この「父さん」という言い方には、オレたちはみんな閉口した。

ところで、おやじがこう言い渡したとき、おふくろがそばにだまって坐っていた。オレたちは「か

っちゃ」と呼んでたけれど、おふくろは、「父さん」と直した以上は自分のことも「母さん」と直すべきじゃないか、と思ったそうだ。しかしおやじは女房については一切改革しない人だ。あれから二十数年たって、おやじが死んでから、おふくろは、

「まったく、あのくッされおやじは、とんでもない亭主関白だった」

とこぼしていた。

——ところで、この「父さん」はまったくオレたちには言いにくくって、ころげ廻ってイヤだったが、それを我慢して呼んでいた。いや、別におやじに怒鳴られるわけじゃない。おやじはそう怒らない人だけれど、静かに言うだけで妙に利き目がある。その点、兄貴も似ているけれど、オレなんかはいくらわめいても、女房もこどももまったく言うこときかない。

それはともかく「父さん」なる新語はそれ以来、ムラじゅうに拡がった。今ではみんな「お父さん」にまで「進歩」した。「パパ」というのは、オレのいとこで東京でしばらく暮らしていた小田嶋孝人が帰ってきて、「パパ」なんて言わせていたけれども、他の家では聞いたことがない。まだムラで「パパ」なんてこどもが言うと、「なにがパパだ、このわらしゃ」なんていう家が多いのじゃないか。——いやしかし、テレビの影響で、もうムラじゅう、パパ、ママになってしまったのか、これは調べてみないとなんとも言えない。

東山金次郎

鈴鴨(すすまが)川の田中橋のたもとに、昔から小屋があって、そこに絶え間なく、どこからともなく人が来て、住みついてしまう。ムラの人もそれを許すし、むしろ暮らしが立つように助けてやっていた。

大正の終わり頃、六部(ろくぼ)の祭文語り(さいもんかた)が住みついた。浪花節の先祖みたいな芸人、そう門付(かどつ)けして歩く。

「お前(め)はどこからござったのス？」

と聞くと、

「わたしは京都の東山の由緒あるところの生まれで、名前は金次郎といいます」

というので、

「それじゃ、苗字はよく判んねェけど、東山金次郎どなと呼びましょ」

となった。うちの兄貴がまだ赤ん坊の頃で、子守してけえねすか、と金次郎どなに頼んだら、

「ホー、この大(だい)西川原田の後とりのこどもさんを、わたしにまかせるといって、おぶわせてくれるどスか、もったいない」

といって泣いたって話が残っている。

この金次郎、本職が祭文語りだから、錫杖をジャラン、モランと鳴らしながら、門付けして歩いて一応食っていたんだが、昭和五、六年に死んでしまった。そこで葬式出そうというんで、金次郎が一人住まいをしていた田中橋の家へムラの人たちが集まってみたら、

「オレは、本家になってくれって頼まれておった」

「いや、オレもそうだ」

と全員が言い出して始末がつかない。葬式は本家が中心になって取り運ぶことになっているので、みんなは大困りだ。そこで、上座も下座もないようにしようというので、まるく坐った。よく聞いてみると、金次郎のやつ、ムラで生きていくために、以前から「あなたの家を本家としてお願い致します」とムラじゅうの家に言って歩いていたって。本家と立てられて気分の悪い人ないから、みんなその気になっていたのだそうだ。

うちのおふくろも出席していたんだが、これも一つの供養だからというんで、みんなで酒のんで大騒ぎ。――したらなんと、驚くなかれ、宴たけなわのときに、仏壇の蠟燭がみんなの方むいてキューッとお辞儀した。蠟燭の焔がお辞儀したんじゃないよ、蠟燭の本体そのものがキューッと曲がって頭を下げたんだ。みんな、ワーッと驚いて、

「ハーあ、東山金次郎、よっぽど嬉しいと見えて、お礼いいにきたんだなあ」

というんで、一晩中お通夜して、念仏あげたり、ごえ切ったり（猥談）した。

ところで、こうやって供養してたら、川向こうの横川目の空堰（からせき）の男がやってきて、

「わたしは、仏が生きていたとき入門して弟子にしてもらっていたから、この錫杖を譲り受けさせて頂きます」

と言って、さっさと錫杖もって行ったたって。

「へーえ、金次郎、弟子までもってたのか！」とムラの衆一同、「やるもんだなあ」と感心したそうだ。

くで、くで山（やま）

こどもが日暮れまで、山で遊びほうけていると、山全体が、

「食いで、食いで！」

と呼ぶそうだ。オレなんぞもこどもの頃、こう言われて随分おどされたものだ。

おふくろから聞いた話だが、その昔、大飢饉が起こって、ヌカからわらびの根っ子カスまで食いつくして、いよいよ餓死だというときに、オレだぢ南部領の連中は、秋田さ行けばなんとか食えると思って、ゾロゾロ、ゾロゾロ出発した。ところが、秋田の連中も、南部領に来れば食えるかもしれないと思って、ゾロゾロ、ゾロゾロ、やって来た。この両方が山の峠でちょうど出会った。

「おーい、秋田衆よ、こっちも大変だから行くとごだ、お前（め）がた、南部さ来たってなにもねえよ」

すると秋田衆が言ったそうだ、

「そだか、そだか、したどもおらだちは南部さ行ぐ！　って決めぢまったはでよ。何たて行ぐった」

と言って、そのままゾロゾロ行ってしまった。

一方、南部の連中も、秋田へ行っても食うものがないと判ったけれども、これまたゾロゾロ進んで行った。この気持は、オレにもよーく判るよ、行先きが今さら地獄だと言われても、そのまま進むし

かないことが、あるんだよね。それで両方ともスレ違って行ってしまった。

秋田衆は、おふくろの育った水沢鉱山（みんつあやま）の近くの山中で精根つきはてて、ものすごい数の行き倒れになって、そのまま折り重なるようにして埋まってしまった。南部の連中も、向こうで行き倒れになったのだろうが、その最後は伝わっていない。

——しかし、秋田衆の話の方には、証拠があるんだ。うちのおふくろがこどもの頃、というから明治の終わりか大正の始め、みんなと遊んでいて、言い伝えの残っているあたりを、棒切れでちょっと掘ってみたらゾロゾロ骨が出てきた、されこうべなんかも出てきた。だから、あの、食いで、食いで！と山全体が叫ぶという、「くで、くで山」の話は決してウソじゃなかったんだ。

くらご

これは神いじりであるか、イタコであるかわからない。オレのムラの切留(きりどめ)というとこに、くらごという女(ひと)がいたった。どういう字かくか知らない。これにみんなが聞きにいった、失せ物でもたたりでも病気のことでも——。

このヒトがなんでこういうやでる（予言する）力をもったのかというと、あるとき、山の神さまが枕もとに立って、後ろの山をみんな汝(んが)さ呉(け)るぞ！　といわれたんだって。それからモノが判るようになって、特に病気なおすのが抜群だった。たとえば、ウチの舎弟の寝小便がどうしても治らないンで、マルおばちゃが聞きにいくと、囲炉裏(ひびど)の灰を火箸でかきながらじっと聞いていて、やおら、そばにいる娘婿(もこ)に、「桜の木とニガの木など、うしろの山さいって切って来てけろや」という。それが届くと、鉈でダッキ、ダッキと木っぱをつくって ねじり袋さごちゃっと入れてくれてよこす。「これ煎じて飲ましぇでごぢゃや」というわけだ。もちろん無料(ただ)、後ろの山の木もタダだからそうなる。これがきくんだからみんな有難がって、米だの小豆だの持っていってお礼はしていたけれどね。

今ちょっと思い出したんだが、このニガの木は黄檗(きはだ)といって山に生える木だ。この皮をむくと内側が真っ黄色、染物に使うくらいだ。それよりオレたちはこどものころこのカケラを削って、ホンのひと切れいたずら童子達の口へ入れた。すると、おっそろしく苦くって、誰でもオェン、オェンと泣き出して、三、四時間はなおらないんだ。

ところで、くらごの話だが、実にいろんなことをやでるというので、ムラじゅうの信頼を集めていた——。オレが盛岡の絵の学校をやめてキリスト伝道団に飛び込んだとき、布団とか何かを家へ送って、ポイと十和田の方へ行ってしまったッたが、このとき家へは、「十和田さ行く」とだけ連絡したから、オヤジやオフクロは十和田湖さ入って死ぬと思った。あわてふためいたおふくろがくらごに伺いを立てたら、

「えいや、このひとは湖さはいってねよだアンス。いま、三本木原の田の畔を歩いてる」

「下着からなにから取り替えてて、上着は今、青いのきている」

と、そこまで言う。そして——

「他人さ神さまの話を説いたりしているから心配することねよだアンス」という御託宣だ。あとでこの話を聞いたんだが、ピッタリだった。オレは裏に人工の毛みたいなのがついたブルーの上衣を着ていた。

このくらごは、近頃、テレビによく映る恐山のイタコなぞとは少し違っていて、数珠つかったり、御幣なんぞ振り回したり、ワーッとわめいたりしない、実にもの静かだ。神がかったとこは少しもない。悩みをもつ人が訪ねてくれば囲炉裏にあたらせて、誰の話でもよく聞いてくれるばあさんだっ

た。オレは聖書をよんでてある箇所にくると、いつもくらごの姿を思い出す。ほら、イエスが、「汝らのうち罪なきものまずこの女を石もてうて」といって姦淫した女を救った時ね、あのときイエスは、身を屈(かが)めて「地に畫(ものかけ)り」、という様子でその女のそばにいる場面がある。くらごばあさんが、囲炉裏(ひびど)の灰をかきながら、何かお告げが宿るのを待っている姿がこれとそっくりなんだ。そして、くらごはただ授かったことだけを相手に言う。

くらごがだいぶ年とってから、ムラの人たちが、どうか娘さんにやでる力を伝えて置いていただきたい、と何度も頼んだ。でも、くらごの答えはいつも同じだった。

これは、オレ一代限りのものだアンチャ、ダーレにも伝授できるものでは、ねアンス。出来ねもし——。

はきごたなき

「はきごたなき」というのがいてね、――「はきご」というのは魚籃のことだ。魚や茸、野蒜なんぞとりに行くとき持っていくアレだ。田螺拾いにも使うから、腰につけて田んぼを歩いていても、誰もあやしまない。そこで、これに頼まれたラブレターを入れて、田畑で働いている男や女に、さりげなく近寄って、人目に触れないように手渡すのが、はきごたなきの役目で、ムラのコミュニケーション発達史に欠かせぬ存在だ。

はきごたなきとして有名なのが、セツばんば――亭主に死なれてから、娘一人つれて、例の東山金次郎が住んでた田中橋の小屋に、オレの方の言葉でいえば、巣をくっていた。このセツばんばは、実はオレの家のハギ曽祖母と浅からぬ因縁があって、それでオレにとっても忘れられない名前なんだ。

ハギひっこさんは、嫁にきた亭主の市太郎が日清戦争で死んだあと、オレの家の嫁として他の男を婿にとり再婚した。けれど面倒ないきさつがあってこども一人できていたのに生き別れして、その男の人は北海道へ行ってしまったんだ。オレは「江差追分」をハギひっこさんからよく聞かされてね、

〽松前江差のつばなの浜で

今にして思えば、北海道へ行った男を偲んで切々と唄ったわけなんだよね。——そういうわけだから、北海道からときどき手紙が来るけれども、これは直接ハギ宛てに送るわけにいかない。そこで他に来たのをセツばんばが、はきごの中に入れてハギに渡してくれた。この文使いがどこらあたりまで続いたのかというと、明治時代から昭和までだから、気の長い話だ。

このセツばんばの一人娘が、見かけよし、愛嬌よしの流行女になって、おふくでんのスターでね、そのこどもが、なんと郵便配達になったそうだ。

しかしもっとも典型的なはきごたなきとして、今もその名が残っているのが、門前のハッあっぱだ、そう、明治以前のひとだけれど。

このひとの話として伝わっているのが、鼻の大きい和尚さんと、ムラ一番の美女なんだけれどワクサ(ワキガ)のおなごのラブロマンスでね。——この二人がお互いに憎からぬ思いをいだいていたけれど、決定的な線が出ないんで、和尚さんはハッあっぱに取り持ちを頼んだ。するとハッあっぱが言うには、

「和尚さん、あなたはいい男ぶりだけれども、鼻が少し大きいから、余り近くに寄らないで、遠くで、しかも鼻をおさえ気味にして会った方がいいでしょう」

と言うわけ。結局、和尚がラブレター配達のお礼をケチッているから、ハッあっぱの陰謀に乗せられたわけだ。

また、ハッあっぱは美女の流行女(はやりおなご)のところに行って、

「あなたは大変な見かけのいい女だけれども、ワクサがあるから、あんまり和尚さんのソバに寄らない方がいいでしょ」

こういう具合に知恵をつけた。こうして二人がランデブーするわけなんだが、その結果は御想像の通り、和尚は鼻をおさえ、女は女で寄って行かない。「なんだ、オレの顔はソンナにまずいのか」「なにさ、ワクサがそんなにいやなんですか」というわけで、二人の仲は決裂してしまった。

——そこで、それ以来、「はきごたなきは大事にしろ」、というのがムラの教訓になった。

おなごだぢのあさ —ひとつかみの麻だねから糸まで—

国民学校（今の小学校）の五年生まで、オレはばさまに抱かれて寝てた。ところが、どうもようすが変なんで、そぉーっと一番親しい朋友(しょども)に聞いてみた。すると、「オラハ、ずっと前(め)から自分(われ)一人(ひとり)で寝でる」というじゃないか、これにゃオレ、動転(どでん)しちゃった。いやぁ、どうも典型的なばさまっ子だったんだ、オレは——。

「ばばぁ育ちは三文さがる」なんて言うけれど、オレに限っていえば、ばさまのおかげで随分、得したと思うよ。和賀の山間で何千年と生きてきた人達の言い伝えや暮らし方を、オレはばさまから受け継いたんだからな。

オレにゃ、ばさまが二人いてね、ハギ曽祖母(ひっこさん)（昭和二十四年死去）とマル祖母(おばちゃ)（昭和二十七年死去）、この両方から可愛がられて育ったんだが、ここではマルばあさんの話を中心にしゃべるつもりだ。

ばさまたちおなごが、常日頃、もっとも精魂かけた仕事はなにかというと、着物つくり、これがいちばんだった。オレはネ、農家の三番目おんじだから、こどものうちから、まあ、働き手で、田畑の仕事はむろんのこと、蚕も飼ったし、麻も手伝ったし、中学校のときは機で帯織って、女にプレゼントしたほど、いっちょまえだった。進学する気なんか全然なかったから、中学おえると、南島竈の春松さんという大工の弟子になって、働きに出るはずだった。それが、めぐりめぐって、今、絵かきという恰好になっているけれども、もともとオレは百姓だから、麻の話を出来るだけ詳しくしてみたいんだ。オレの言う通りにやれば、タネ播いて糸とるまで、きっとできる。そこまで徹底的に詳しくしゃべってみよう、そう、亡きばさまたちの供養にもなると思うからね。

……今どきの女のひとなら、自分でお洒落しようと思ったとき、たとえばライトブルーを下に着て、上にはさっとウインザーチェックのコートをはおるとかして、ぐっとシックなスタイルでいこう、そうすれば素敵だろうなんて、頭にイメージ浮かべて楽しむだろうね。ところがだ、オレのばさまや、おふくろの若い頃は、それをかりに頭ん中で想うとき、自分で麻をうえて、糸とって、織り上げるまでの仕事全部がパーッと浮かぶ。だからばさまに言わせると、いつ一番わくわくするかというと、これから麻の糸を績むという段どりができたときだというね、つまり糸つくりにとりかかるときだ。

収穫した麻は、一家中の女たちに分配される。姉で弟がいれば、おまえは弟の分もとれとか、妻の場合は夫の分も、ばあさんはじいさんの分もとるわけ。そしてそれぞれが、自分のや亭主のに似合う色や織り方を考えながら、囲炉裏の端や、炬燵で糸を績む。このとき、いわばイメージがふくらんで、おなごだぢの気持がゆったりと和(なご)むというね。……ところが、この糸績みの段どりに辿りつくまでに、実に大変な手間がかかるんで、そこのところから、一つ一つ順序を追って話さないと、当時のおなごだぢの気持は伝わらないと思う。これしゃべったら、繁雑でやりきれないと聞く人もあるかもしれないんだけれど、ともかく、麻のそもそもから話してみよう。

麻畑といっても、実際に見たことのある人は少ないだろうな。目の覚めるような緑色した植物で、アサという音(おん)の響きもなかなかいい。夜明けの朝もアサだし、そこに希望のようなものが含まれている一方、麻は霊力や魔力をもっているんだ。赤子(あかご)や童子(わらし)の着物に麻の葉模様がついているのは、魔除けのためだそうだ。そうそう、これは最近、気づいたんだが、上村松園の描く美人画の衣裳には、ほとんどどこかに麻の葉模様がついているので驚いた。それから麻薬の麻の字が、ほら、アサだ。これは案外知られてな

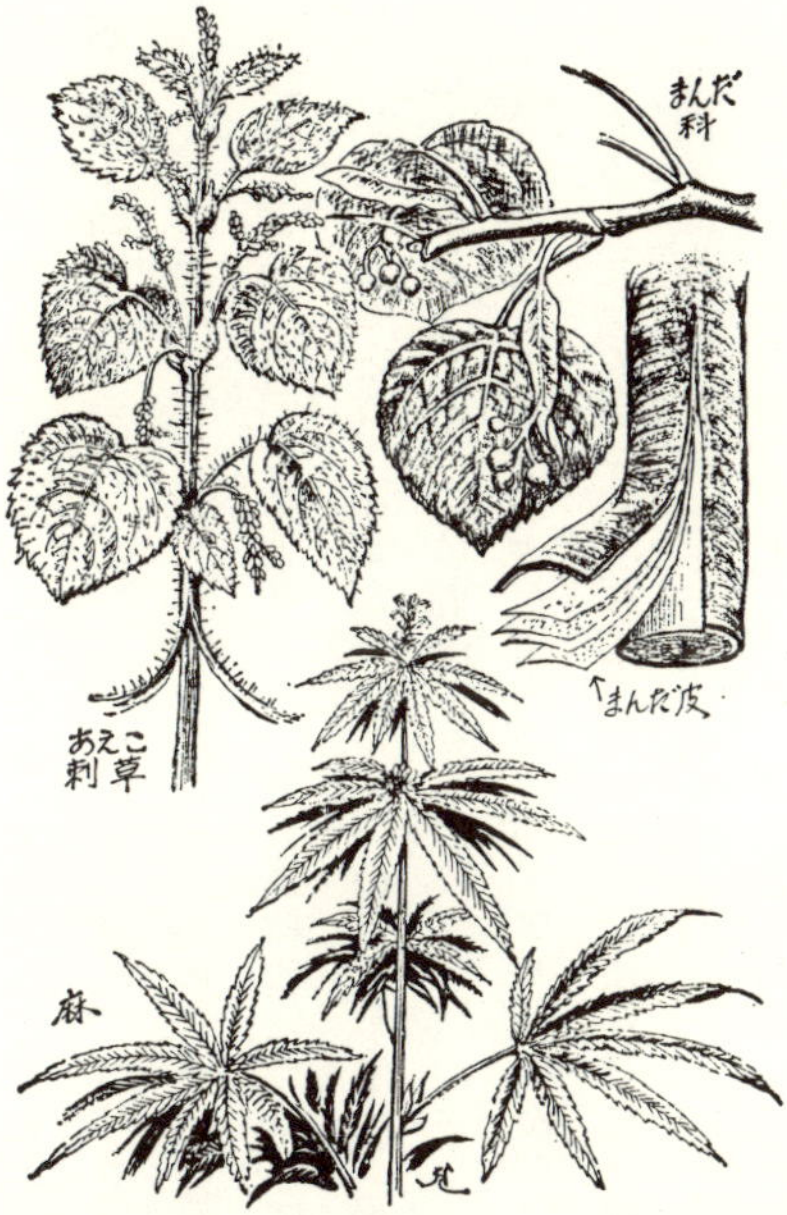

いけれど、マリファナをとる大麻と、オレたちが糸をとった麻とは、実はおんなじなんだ。だから、麻を播くには役所の許しがいる。それから麻は、昔は五穀の一つだったたってね。

麻の原産地は中央アジアだそうだ。そこから、何時、誰によってか、――騎馬民族かもっと以前の古代人によってか、日本列島に入ってきた植物だそうだけれど、大昔からオレたちの祖先と密接に結びついていたことは、確かなんだ。オレの方からも出る縄文式土器に、麻のような布の織目が残っていることからも、その点は判る。

もっとも、昔は糸をとった植物は全部、アサと呼んでいたらしいね、オレたちも麻のことをいいと呼んだりしていた。ついでに言えば、綿は室町時代に日本に渡ってきた南の植物で、オレの国のような北国では作っていない。

それから、オレの地方では、麻と同じように着物の原料になるのに、あえことというのがあった。刺草のことだ。ムラの近くにあるのは、ミヤマイラクサといって、一メートルちょっとくらいに伸びるんだが、葉や茎にイラ、つまりトゲがあって、チカッと刺さると何時間も痛くって閉口した。ところが、これが生えて二十センチくらいになった若いころに茹でて食うと、こりゃ実にうまい。味はアスパラガスに似ていてその何層倍もウマイんだから、こいつが生えてるのを見つけると、ムラの連中がたちまち採ってしまう。だから沢山集めるのは大変なんだけれども、土用のころ山へ行ったとき、鬱蒼と茂っているのを見つけたら、シメタッとすかさず刈りとって、その場で皮だけを剝ぎとって持ち帰ってから、糸にする。このイラクサの繊維で織った着物は、肌にさらっとして着心地最高、「あそこの嫁(よめご)は、亭主にあえこ織きせてる」なんていわれれば、女房の鼻が高いわけさ。その次に着心地のいいのが麻、――木綿なんぞ買って夏場に着せたりしていると、しだらのない女房だ！　といわれたって、オレのおふくろも話していた。

　これは何故かというと、野良仕事の大敵の蚊が原因だ。風が吹くと桶屋が儲かる、みたいな話になるけれど、蚊の話から始めなきゃならない。オレの方では、小さな刺す虫のことを全部、蚊というんで、ブヨ（ボンツコ蚊という）なんかもこれに入る。それで、とくにモスキートを指す場合には夜蚊(よが)といった。夏場に野良で働いていて実にうるさいのは、ボンツコ蚊、それにアブ。とくにツナギアブというやつが、真っ黒になって、ドッジ・ボールの玉ぐらいにかたまってウヮーンとやって来る。馬ッコが、これにすごく敏感でね、遙か遠くでウ、ウヮーンという音がすると、川で体洗われてる最中でも、バッと身をひるがえして、ダッダーッと馬屋(まや)へひとりで逃げ帰ってしまう。馬の恐怖たるやひどいもんだ。それに、以前は実に虫が多かったものね、外で働くときはビシッと身仕度して肌を出さないようにしないと堪ったもんじゃない。そのとき着るには、風通しのいいのが一番の条件で、イラクサや麻の値うちが、ここで決まる。木綿なんぞ着ていたら、ムレてしまって大変だよ。自分や亭主は何を着るか、ここにおなごだぢの猛烈なプライドがかかっていたわけさ。

　ついでに言うと、繊維をとる植物としては、この他にまんだと呼んでいた科木(しなのき)があってね。この木の、太陽のあたらない側の皮の下から繊維をとる。つまり、あま皮の部分なんで、これを適当な長さに剝ぎとって、水に漬けておくと、透き通るように薄い紙のようなものが何枚でも剝げてくるわけ。これをこまかく裂いてから績（う）んで糸にする。これは非常に丈夫で、これで織った布（ぬの）でドブロクを濾すと一番いい。まんだ織といってね、オレの家でもそれでやってた。

それから楮（こうぞ）や三椏（みつまた）、これは普通、和紙の原料と思われているが、糸にもするんだ。このように種々雑多の木からとった糸で織った布が、つまりたえで、万葉集に詠まれているのは白たえ、きっとその昔、朝鮮渡来の新技術でつくった布が、あまりに白いので、感心したんだろう。オレの地方では白たえを織ったかどうかは知らないが、イラクサで織った着物なら、まだ現物が家に残っている。これはあえこどうしといって、縦糸も横糸もイラクサの繊維で織って、藍で染めてあって、今では貴重品で、百万円以上するそうだ。

実はこの間、民俗調査の人が来て調べていったんだが、この着物の縫い方が平安時代のと同じだと話していたっけ。だいたい、オレの家は、先祖は安倍宗任だという伝承があるくらいだから、古いものをむやみに大事にするうちでね。機織（はたおり）の道具でも、百何十年以上のが残してあって、道具の裏にいちいち、いつ作ったと書いてあるんだ。こういう道具は、女が次の嫁に代々伝えていく。もっとも閉口した嫁もいたと思うよ、あんまり沢山あって、面倒なんで――。

一　たねとり

オレが、おふくろに、麻の一生はどこから始まるのか、と聞いたら即座に、「たねとりからだ」と答えた。これがやっぱり麻の特徴だろうね。米の一生は？　と尋ねると、誰でも播くときからだ、と答えると思う。一回りして収穫する目的がやっぱりたねの形をしているからね。ところが麻の場合は、播いたときの姿と全く関係のない糸の姿を目的としているから、たねとりが始まりだと感じるものらしい。このように、永遠に循環して行く作物について、どこが始まり？　と聞いてみると面白い。

この麻のたねとりがまた不思議だ。九日（くにち）というのが、たねとりの日になっていて、九日餅を搗く。九月九日を初の九日、十九日をなかの九日、二十九日を三（み）くにちという。中国でも日本でも奇数のいわゆるゾロ目の日を、聖なる日にしている。三月三日、五月五日、七月七日、九月九日の重陽（ちょうよう）、みんなそうだ、なぜなのだろう。とくに麻の場合で判らないのは、三（み）くにち過ぎることを、女たちは非常に恐れていたことだ。

「三くにち暮れれば、麻だねは化ける」

たしかに、この頃になると麻の背がバカでかく伸びるんだが、そればかりでなく、たねそのものも何か具合が悪くなるらしいんだが——。

たねは、ほとり麻から採る。ところで、オレは昔、学校の先生から「麻の中の蓬（よもぎ）は、扶（たす）けずして直（なお）し」という格言を教わった。荀子の言葉だ。実際、麻畑というものは見事なもので、密植した麻がいっせいにワーッと伸びる。密生していて横に枝を張れないから、一本一本まっすぐ上に伸びるより仕方がない。だからその中に、あの曲がりくねった蓬が迷いこんで生えても、周りに感化されて、まっすぐにならざるを得ない、従って、人も友人を選べ——という教育論なんだが、麻畑をイメージして説いているところが面白いね。

麻はまっすぐ伸びて、ちょうど釣竿の先に葉がついたようなものから、いい糸がとれるんだ。ところが、これで困るのは、麻畑のはしっこに植わった麻だ。片側にひらけた空間に枝を張るから、どうしても曲がって育ってしまう。これをほとり麻という。これは捨ててしまうか。いや、そんな勿体ないことはしない。まず、たねとりに使い、それからまた、これから使い糸をとる。つまり日常使う紐、縄、牛や馬の体につける具足などに使うんだからすたりはない。まっすぐ伸びなかったほとり麻を、どこまでも活かして使うところに、オレたちの先祖の知恵があると思うな。一番、条件のいいところに育ったエリートだけを、大事にするというのじゃないんだ。あらゆるものを活かして使って徹底的に無駄にしない、という考え方は、麻糸つくりの作業の随所に現われている。ここから、さっきの中国の格言とは少し違う教育論も出てきそうに思うね。

さて、こうしてとった麻だねは、ふくべに入れて、常居（居間）の梁から吊して冬を越す。ふくべは、夕顔の側を乾したものだから、ひょうたんの親類筋で、どちらも古代から聖なる器だった。ひょうたんをスパッと割ると片口になり、これに柄をつけたのが柄杓だ。ふくべの方は、ひょうたん形に

ならず、ずぼっと五十センチくらいに伸びて、人の頭ほどの太さがある。オレたちは、小さい頃、わるさをすると、家の人から、

「このわらし！　汝なんど、この家の者じゃねゾ、鈴鴨川の奥がら、たね入れふくべさへえって、くだって来たんだ。そづ拾って育でだんだがら、ぼだすぞ！」

なんて脅されたものだ。オレは、ホントだって思ったよ、現にオレが入ってきたというふくべが、ぶら下ってて、おふくろの叱り方が、また、あんまりきついからね。人間がふくべに入って来るという考え方は、世界各地にあるそうで、ふくべは卵とか子宮とかを現わすと、学者がいっていたが、なるほどと思うね。

　とにかく、ふくべにたねを入れて何本も吊してあるのは、なかなかの壮観で、これが何十もぶらさがっていれば、大した家なんだ。太閤秀吉の馬印の千成びょうたんも、こうしたところから出たしるしじゃないのかな。

　次に麻のたね播き、これは稲のたね籾を播くのと同じ時期だ。永い冬が終わって、種まき桜が咲き、前塚見山に種まき男の形に残雪が消え残ると

きだ。「雪しろが引かねぇうぢに種まげ」と昔からいわれていた。雪しろは雪汁（ゆきしる）（雪解け水）のことで、その手が切れるような冷水が温（ぬる）むと、害虫が出るし、八十八夜の嵐の前までにモミが発芽して根を張ってくれないと困るからね。このあたり、百姓の経験の蓄積は大したものだが、たねの方も仔細に観察してみると、発芽とはいっても芽から先に出るのじゃなくて根が先に出ている、つまりたね自身が動かないように必死で大地にしがみつくわけなんだ。

まあ、以上は稲の話だが、とにかく麻だねもその頃に播く。その麻の播き方が、ジギマギだ。このジギマギが実に豊富な問題を含んでいるので、オレは、ばさまやおふくろを通して、女（おなご）の生き方を思い浮かべるときに、これを原点として考えないわけにいかないんだ。

二　麻播（いと）き

ジキマキを『広辞苑』でひくと、直播（ちょくはん）を見よ、とある。そこをあけると、「苗代を用いずに本田（または畑）に直接種子をまいて水稲などを栽培すること。寒地では気候上の危険を除き得るし、機械化し易い。」と書いてある。

なるほど、これはこれで意味は通じるが、オレの体験したジギマギとは、どうも少し違うようだ。オレの地方では――と限定して言うんだが――もっと別のジギマギのイメージが確かに存在することを、はっきり記録しておきたい。みんなが、全国各地でこういうことを言い出さないと、我々のついこの間までの暮らしの実際が判らなくなると思う。

ジギといわれてすぐ浮かぶイメージは、端的にいえばクソ、人糞のことだな。オレの方でジギマギといえば、ムギ、ヒエ、アワ、アサなどのように小さなたねを畑に播くときにジギにまぜて播くことなんだ。肥やしそのものをジギといって、それに麻だねをまぜるのは、女の仕事だった。

まず、畑のほとりに、とき桶というものを据える。こどもなら行水もできそうな楕円形の桶で、両方に取っ手がついた深さ一尺五寸くらいのものだった。これに、ジギ桶としょんべん桶に入れて担いできたクソとシト（尿と風呂水の混じたもの）を入れ、さらに灰を入れて調整して、麻だねをまぜる。

マルおばちゃ（ばさま）は、恰幅のいいひとで、それが二の腕まで捲りあげて、手をバチーッとジギの中に差し込んで、ウワーッと引っ掻きまわす。これは極めて熟練を要する仕事で、よくまぜないと、たねを平均して畑に播くことができなくなるんだ。すると麻が平均して密生しないから、まっすぐに育たない。その結果として、いい糸がとれないということになる。だからきわめて大事な権威ある仕事なんで、おばちゃは、嫁つまりオレのおふくろに、この仕事だけは中々ゆずらなかったね。

――おばちゃは、非常に自信のある態度で手を突っ込むわけ、周りを圧倒しちゃう。オレたちだって、きたねッ、くっせぇというどころか、ほんとに尊敬しちゃったもんだね。真っ白い腕に、ちょうど刺青（いれずみ）みたいな感じにジギがついて、ちっちゃな蛆がモコモコといたりしてね、あんまり言うと、クソリアリズムになってしまうが……。

ここで後架（こうか）（便所）の話をしなければならない。食うことと、出すことの、一巡りを通して考えないと、暮らしの事実が判らないのだから仕方がない。オレたちが後架といっていた建物は、別棟になっていて、広さでいうと小学校のひと教室ほどあった。オレが宮古市の営林署に勤めているころ、この後架が火事になって新聞に出ちゃった。「これオレの家だよ」と仲間にいったら、「たはッ、便所が新聞に出るのが？」とゲラゲラ笑って誰も信用してくれないわけだよ。同じ岩手県内でも、町場の連中には後架の大きさは判らないんだ。「いや、あんたの家より大きいんだよ」と説明したけれど、全然だめ。――もっとも、この棟の西側の半分は板敷で籾がらとか農機具とかの置き場だった。（といっても納屋じゃない、納屋は別にある。）東の半分は土間で、大きな溜めが二つある。その一つは直径二メートル以上の大桶で、土中に埋め込んであって、あらゆるものをぶち込んで腐らせてある。もう一つは、四、五畳敷ほどの溜めで、それにぶ厚い杉板が渡してあって、これをつまり便所の大の方に使うわけだ。

便所にも神さまがいてね、タブーがある。まず許されないのが、紙を下に捨てることだ。下に落としていいのは絶対に便だけ。自分のあとで誰かが便所へ行って、紙が落ちているのが見つかると、

「さっき後架さ行ったのは誰だッ」

ってすごく叱られる。だから紙は必ずとって別の所へ置く。これはためておいて、焼いて肥料にする。

ちょっと横道に入るが、尻を拭くのに一番いいのは、紙じゃない。オレの家ではムラでは当時めずらしく新聞とってたから、それを使ったが、たいがいは歯朶の葉っぱだった。なかでも最上とされていたのが、湧水池の藻草なんだ。沼や池の水の中に、雲みたいにモヤモヤとして揺れている水草があるね、あれを採ってきて、乾かして使う。これが最高だ。だからオレは、尻拭き文化史を書くとすれば、紙になったことは、尻拭き史上の進歩ではなくて、むしろ退歩だと思うね。肌ざわりといい、軟らかさといい、紙なんぞとても藻草にかなわない。

次に小の方はどうするか、オレの少年時代、ぼちぼち母家の中に小便所をつくる家も出てきたが、昔かたぎの家では、忌みのためにこれも別棟にしていた。オレの家では、母家の一角の湯殿のそばに

小便所をつくって、風呂水を落としたものと小便とが、適当にまざって小便だめに入るようになっていた。風呂水で薄めない小便を生小便といって、こんなものをそのまま作物にかけたら、おおごとだ。まぜる濃度がまた難しいので、そのために風呂水を適当に入れなくてはならない。余った風呂水だってそのまま川になんか流したら、嫁さん、おん出されてしまう。必ず桶に入れて、田畑に持っていってまいた。オレもやらされて、もういやでいやで、しかたがなかったね。

風呂に入ってもシャボンなんぞ使わなかった。昭和二十年頃まではサイカチの実で体を洗っていた。サイカチというのは、アカシヤに似た木で、大きな豆の莢がなる。これはいい匂いがして、これで髪洗った女のひとなんて、プーンと匂っていいものだったなあ。オレのムラでは、サイカチとシャボンの両方を使ってた時期がかなり長かったみたい。なにしろ昭和二十七年に亡くなったばさまが、死ぬまで鉄漿つけてたくらいだから、妙に古いものが残っているムラだったんだね。今、思い出したのだが、近所のじいさんが、

「しゃぼん使っても、よーく洗い落とすと匂いがとれて、おなごにモテないから、耳のうしろ辺りにしゃぼんの泡のこして、プーンと匂いさせて夜這いに行ったもんだ」

なんぞと話していたっけ。他がみんなサイカチだからシャボンの魅力というのがあったんだろう。

話がそれた、ジギの話に戻ると、さっきいったようにクソ(ぼんこ)とシトとをまぜるんだが、必ず

灰をいれる。このアクがね、何を焼いたアクでなければならないかということを、おなごだぢは、すごーくやかましく言う。同じく稲からとったアクでも、モミガラのアクは粘りっ気がないといって嫌う。まして木のアクなんて固くってダメ、ワラを焼いたのが一番いい。ワラ灰がなぜいいのかというと、ジギを手で掻き回すときに、適度なねばっこさを、シトとクソをまぜたものに与えるというんだな。これが、後で話すけれど、たね播きの上手下手に決定的な影響があるんだ。――こうしたことは、何千年間やってきた女たちのカンだと思う。彼女たちは、ずーっとこれに命をかけてきたから、ワラ灰かモミガラの灰かで、いい悪いが決まるほど、クソ、ションベンにデリケートな感覚をもっているんだ。オレは、そこに無限の敬意を感じちゃうな。――うん、このジギつくりも、たまには男もやる、ただし、余りにかったるい女で、亭主が見かねた場合だけだけれどね。

――どうも麻の仕事は、始めから終わりまで女がやってたみたい、男にはもっと力のいる仕事とか危険な仕事とかがあるからなんだろうが、糸とり、機おりに関連して、やっぱり女の領分と思われていたんだろう。たとえば、後架の溜めからクソやシトを麻畑に担いでいくのも女だった。大の方を入れるのがジギ桶でつまり肥おけ。中のものがハネないようにヌカ灰を上に二、三寸かけ、その上に藁束を横に折り入れて天秤棒で担ぐ。ジギ桶一つを片肩といい、天秤棒の両方でひと肩だ。五升の麻だねを播くにはこれくらいでいい。小の方は、楕円形につくったションベン桶に入れて、背負って行く。量はこれ一つで、ジギ桶の一・五倍以上だ。この両方を、さっきいったように、とき桶にぶちまけて調整するという段取りになるわけだ。

ところで、このションベン桶を、如何に洩らないように作るかに、腕にヨリをかける男たちがいるんだな、かならず……あそこの、川向こうの桶屋がうまいとか、やれ空堰（地名）のは洩らないとか、評判が立って、おなごだぢの敬意を集める。そういう世界があったんだ、ほんとに、ついこの間のことのような気がするよ。オレは郷愁とともにこれを想うんだけれどね、まったくこれは一つの完結した世界だったな。人はここで生まれここで死に、そこに人間が生きるために必要なすべてのもの、つまり誇りから生甲斐からすべてが一揃いそろっていたんだ。

それから、ジギ桶を担ぐとき肩にあてるものを、ねこげらといい、保温をかねたものを、けらという。これは、藁とか前にいったまんだの木でつくる。それに桶を吊す縄、こうしたものはすべて自まえでつくるんだが、物差しなんぞ使わない。自分の手が基準で、オレのおふくろなんか、何寸何分と、いつも手で計っていたね。漬物つけるときでも、何をするときでも全部、自分の体を物差しにしていた。だからばさまはむろん、おふくろの時代でも、百姓の一人前の嫁になるということはなんであるかというと、一つは、自分が尺取虫になることとなんだ。

女たちは、たね播きに行くときに、自分がいかに沢山はいったジギ桶をしょえるか、ということが自慢だった。オレの方に、おと坂といって、自転車なんぞではとてもおりられないほど急な坂があってね、「ひよどり越え」みたいな坂だ。これを、中屋敷のあの「六字のおいわれ」のヨシばあさんが、

「オレは、おと坂をジギかついであがったことがあるッ」といって、それがあまりに迫力ある自慢話だったので、ムラの諺になっちゃった。絶対に出来そうにないような話のことを、それ以来、「おと坂、ジギかづいであがる」というんだ。

次にジギ振り。――麻のたねの入ったジギを畑に振りまくことだ。

麻だねは、灰色の小さな粒で目立たない。だから耕した畑にこれだけを播いたって、はたして濃く播けたか、薄く播けたか判らない。ところがワラ灰で黒くしたジギと一緒に播くと、色でピタッと判る。これがジギマギのいいところで、やっぱり色彩の世界なんだな、造形の世界だよ、オレから言うと。だから、まぜ方が完全であれば、ジギが新しい土の上に黒々とまかれることによって、麻だねが平均して播かれたかどうかが、ひと目で知れる。

ジギ振りは、ジギ振り桶コという小桶を左手に持ち、右手でここからジギを摑んで播く。片手でパッと振りおろすとき、指と指の間からジギがビビビッと出て、二寸幅くらいの見事な直線になってスパーッと飛んでゆく、ちょうど運動会のラインを引くようなものだ。これが姿勢のいい、健康な女性がやっているのを遠くから見ると、まったく男たちにとって魅力だった、ジギ振りの姿に美を感じてしまうんだ。

どこそこの誰それは、片手一ぱつ振りおろすと、それこそ六尺も播くとかね、若い衆の話のたねだった。しかも現代のファッションショーみたいに見てくれだけの判定じゃない。あとで麻が平均して見事に生えるかどうか、ということで厳正な判定がついてしまう。

一振り六尺というんだけれど、おふくろなんか、背も小さいから六尺も播くなんて容易じゃない。そこで、前からジギによく似たドロンコを作っておいて、後架の土間で、ひそかに練習したっていう話だ。おふくろの青春時代には、それがムラの娘たちの常識だったというね。

和賀のおなごは、肌が白いから、その真っ白い肌にジギがびだーッとつくと迫力があるからね、それが、肌っこのワキから白い肌のぞかせながら、スパーッ、スパーッと渦巻形にジギを播いていく姿は、勇壮であり、尊敬しちゃうわけだ。オレたちは畑のはじっこにいて、ひっかけられないように気いつけながら眺めていたんだけれどもね。

うん、現在ではまったくやられていない。オレが中学校にいってたころ、といえば三十年も前だが、農業の先生が始終いってた。

「キタナイ！　回虫の卵がつく。君たちも回虫におかされるから、ゼッタイに止めるように家へ帰ったら言え、早く化学肥料を使え」

とさんざん聞かされた。たしかに回虫にたかられるのはイヤだしね。――近頃、自然農法に帰れという声もあるけれど、昔のままになんてとてもできるものじゃない、だから新しい自然農法を工夫して行かなくちゃあダメなんだ。

ところで麻だねは、渦巻形に左めぐりしながら播くのが仕来たりで、そのあとをもう一人の女がどんどん土を掛けていく。鳥たちがたね播きと見るとワーッとやってくるからだ。春がまだ浅くって、エサのない時期に、現在、小鳥屋でも売っているような鳥のエサの麻を播くんだから、鳥たちはだまっちゃいない。野バトなんぞ、人を馬鹿にするぐらい近くまでやってきて、そして、もう一歩近づくとパッと逃げる。この緊迫感がオレたちには実に楽しかったな。「汝だに食われでたまるか」というんで、どんどん土をかけ、その上にまた馬屋の藁でつくったウマゴエをかぶせてしまう。野鳥たちは必死でつつくんだが、もう嘴がたねに届かない。鳥たちは口惜しがってね、バタバタやっている。

少し数字をあげておくと、麻だね一合を、一坪の割合でまく。オレの家では五升のたねを播くから、麻畑は五十坪だ。ここからのの**ど**お**し**(後出)でおよそ三反織れるだけの麻糸がとれる。この五升のたね播きは、女手三人で朝めし前仕事でやってのけた。朝仕事三つで一人というから、結局、おとな一日分の仕事ということになる。

先日、金達寿さんの『日本の中の朝鮮文化』(講談社)を読んでいて、芭蕉が、麻のたね播きの光景を句に詠んでいたことを知ってびっくりした。

畠うつ音やあらしのさく良麻　　芭蕉

元禄三年三月十一日　荒木村白髭社にて

こういう句碑が三重県にあるんだそうだ。オレの見るところ、この句は麻のたね播きの句だ。ジギは振るし、土はかけるしで、土埃が嵐のように舞って、それまでひっそりしていた野良が、春の畑仕事の開幕に活気づく。その季節の変わり目の一瞬の動きを捉えた芭蕉の眼は、さすがだと思うね。もっともこれが正解かどうかは知らないよ。さくら麻についてもいろいろの説があるらしいけれど、オレは百姓らしく、前のように読んで感心しているのだ。

オレの地方では、麻いとのことを苧（お）ともいうんで、麻畑を苧坪（おつぼ）畑とか麻（いと）畑とかいった。この畑に青々と芽が出たとこは、見ててもそりゃ気持がいい、一面にグリーンの毛氈を敷いたようで、誰でもゴロッと寝っころびたくなるほどだ。でも、そんなことされちゃあ、作ってる方にしたら大変だ。オレもこどものころだけれど、川向こうのムラの苧坪畑にはいってね、そこのばあさんに、鎌もって追っかけられて、命からがら逃げたことがある。

麻はすごく伸びがはやくって、気持いいほど揃って、スキーッと生える。だから、山菜（あおもの）なんかの繁叢を見つけると、オレのムラの人なら「あァ、麻（いど）畑のよだッ」という。オレなんぞも、直線の美しさを、麻畑から教わった。

三　麻（いと）ひき

真夏の旧盆前に、麻の花が白く咲いて、そのころ、麻（いと）ひきをするんだ。麻は鎌で刈らずに、根から引き抜くから麻ひきという。このあいだ民俗学の本を読んでたらおどろいた。

「麻はなぜ刈らずに引きぬくのか、その理由が判らない」

と書いてあるのさ。農民の経験なんて、すぐに判らなくなっちゃうんだなあ――。が、これが判らないと、麻をつくった女たちの気持を内側からつかむことは、まずできないね。

――で、なぜ、麻（いと）をひくかというと、まず麻のかっくし（刈りくし）は来年の春になっても腐らないから、畑に残って邪魔になる、稲の刈り株なら腐るんだけれどね。その上、切り口が竹槍のようにとがって、ハダシで遊ぶこどもたちに危なくてしょうがない。

また切り口が斜めだから、皮をはぎにくい。それに麻の根は地面にそって浅く張るから、引きぬき易い、まあ、ざっとこんな理由がある。

農民なんてものは、非常に非合理的だと、よくいわれるけれど、そう簡単には言えないと思うよ。その立場に立って考えてみれば判るんだが、我々に与えられた条件において、かえって合理的な動きをしているのが農民である、あるいは漁民である、なぜかといえば命がかかっているから。

その意味で、農民は必ず麻を引くわけで、その引き方は、というと、背丈以上もある麻の前に立って、両手を拡げて前へ出して、手もとに抱え込むようにしていっきに引き抜くんで、こうして引いた最初のものを一番そという。次に残ったのを引きぬく、これが二番そ、さらに腰をかがめて三番そ、下そと引いていく。これは結局、麻の草丈の順になっていて、一番そからもっとも長いいとがとれそうだが、これは先が枝分かれしたり、風で曲がったりしていて、そうもいかない。二番その方が、まっすぐ育って質がいいので、これからとるいとが最高だということになっている。

麻を引くと土が根についてくる、これをどこかに持っていくと畑のいい土がなくなるから、必ず、左足のタビハキワラジにババーンとはたいて土を落とす。稲刈りなんかには、スワラジといって、素足にワラジをはくが、麻ひきだけは、足袋をはいてからワラジをつける、これがタビハキワラジだ。

引きぬいた麻は、押切りで直角に根を切り落とし、とどこごもに並べる。とどことは蚕のこと、養蚕のときに蚕の下に敷いた薦がとどこごもで、これにくるむ、芯が折れないように保護するわけだ。こうして葉のついたまま馬の背につけて、家へもって来るんだが、このとき馬のやつは大喜びだ。なぜって、毎日、馬は朝草刈りにつれて行かれるから、自分の背中にしょってきた青いものは、必ず食えると馬は思っているわけ。ところが、いざ家へ戻っておろしてみると、麻の葉っぱだから、馬のやつ、ハッフーッって、すごい鼻息で怒る――、けれど絶対に食わない、食えないこと知ってるんだ。

ところが、麻がまだ若いうちに茹でて食っちゃった人がいるんだなあ、寺の和尚さんでね。そしたらひどく酔ったようになって、つまりいま風にいえば、ラリッちゃって、お経やぶったり、仏さんブン殴ったり、一晩中、大暴れしたそうだ。これは『甲子夜話』に出ていた話だけれど、馬はこの和尚さんより利巧だ。

ところで、麻についた葉っぱは、葉打ちという木刀のようなもので、スパッ、スパッと扱きおとす。この要領がわるいと、麻の芯の先がポキンと折れて、折角のいいとがプチンと切れるから、よっぽど慣れないと、こうはやれない。

打ち落とした葉っぱは、蚊ゆぶしに使う。馬屋の前の土間に、小麦のワラの小束を積んで火をつけ、その上に麻の青葉をどさっとかぶせると、煙がモウモウと出る。ということは、オレの家は馬も人も一緒に暮らしてるから家中が煙でいっぱいになるということだ。よく南部の曲家といって、鉤の手に曲がった部分が馬屋になった家が紹介されているね。オレの家はあれじゃなくて、寄せ棟の平家でね、あんな風に曲がっていなくて馬屋と台所とが隣り合っていて、天井の方は区切りなしに続いていた。曲家は、あれでも馬屋をなるべく人の住む所から離そうと工夫した建て方なんで、だから寄せ棟の方が古い建て方だとオレは思うな。

それはともかく、家中にたちこめた煙というのが、つまりは大麻の葉なんだから、実にいい香りだ。馬は喜んで、ポカーッ、と鼻鳴らして馬屋の奥から煙の方へやってくる。人間も気分がおかしくなってきてね、いわゆる乗ってくるんだ。実はこの間、和賀へ帰ったとき、兄貴とこの話をしたんだが、あれは一種の麻薬の作用をしていた、ということで二人の意見が一致しちゃった。ちょうど盆踊りの頃で、この煙でいいかげん調子に乗ってから踊りに行くんだから、そりゃ盛り上がるわけだ、おふくでん的様相を呈するのも無理ないわけさ。あの当時、マリファナなんて誰も知らなかったけれど、結局、昔からあることなんだね、ヒッピーなんぞが現われる前から、オレたちは毎年やってたんだ。——今はもうやらない。第一、若い衆はみんなジーパンはいて喜んでて、麻なんぞつくる人はいない。夏場はジーンズより麻の方が、よっぽど体にいいのにね。ついでにいうと、蚊ゆぶしには麻の葉のほかに、稗の糠も使った。これは目に滲みて、トラコーマみたいになるから閉口だった。

四　麻すぐり

次は、麻すぐりといって、麻の丈を、長さごとに揃えて束にする仕事だ。嫁も姑も、このときは、まず睦まじく協力してたな。姑が脚立にのってね、その前にこがという大きな樽おいて、その中に麻を立てて、長さによって分けていくんだ。下にいて、それを手伝ったり、新しい麻をもってきてザーッとこがに入れたりするのが嫁。これは自分たちの着るための糸をつくる仕事だから、やっていて面白いわけ、いやいやじゃないんだ。麻の仕事には、この愉快な気分が、ずーっと流れていた。

このとき、長さごとに揃えた麻の束を、二手一把にまるく（しばる）。二手一把というのは、両手の指でつくった輪の太さのことで、稲刈りのときの束をはじめ、いろんなものの基本単位となる。

この麻の束を縛るには、味噌玉を吊すのに使った縄ときまっていた。長さも二尺くらいでちょうどいい。味噌玉といっても知らない人が多いかな。煮た大豆を潰して、赤ん坊の頭ぐらいにまるめたもので、その下に藁を四すじ置いて玉をくるむようにしたあと、玉の上で縄になって天井に吊す。この豆で味噌をつくると、囲炉裏の煙がしみ込んでいて、なんともいえないほど、かんばしい味噌になる。味噌玉のうちから、麴や塩を入れておく地方もあるそうだが、オレの方じゃそうはしない。

まったく奇妙なことなんだけれど、オレたちは国民学校の運動会というと、必ず、味噌玉の歌を合唱したものね。

われらがみそだま／きたえみがかん／いざいざともーに——

こういう歌なんだが、どうして味噌玉を磨くのか、あんなものを一体、どうやったら磨けるのか、こども心に実に不思議だった。仲間の誰に聞いても判らない。ところが大人になるというのはエライもので、この間、ハタと思いあたった、あれは味噌玉じゃなくって、身と魂だったんだ！

五　麻ゆで

風呂をね、それこそ、五衛門の釜ゆでほどに沸かしておいて、麻を入れる。さっと揚げて、土間の蓆にぼうぼう熱いまんま積んで、その上にまた蓆をかけて蒸す。これはいいとをはぎ易くする作業の一つだ。麻ひきからここまでの仕事をこの日のうちにやってしまう。

六　麻ほし

庭に並べた長木の上で二日間、乾す。暑いさかりの太陽にあてると、それまで青々としていた麻が、次第に茶色っぽくなって、だんだん白に近づいてくる。乾しているさいちゅう、一番こわいのは雨だ。雨にあうと、ぶつぶつの斑点ができて、染めても織っても残るから、雨！　ということになると、

それこそ麻を取り込むのに戦場のような騒ぎだ。ちょうどこの頃、嫁は盆で実家に帰ったりしているから、姑が一生懸命、頑張っていた。

七　夜ざらし　次に、二日間夜ざらしにする。夜露をかけないようにというのだから、これまた難しい。日にかわかすときも夜ざらしも、時々、ひっくり返して万遍なく晒さないと、いいいとにならない。

八　麻浸け(いとつけ)　種井戸(たないど)（種籾を浸ける池）に三晩つける。こうすると発酵して皮がヌルヌルになる。ばさまの実家の菱内(ひしない)（屋号）では、あま堤という堤（池）につけたそうだが、四日目の朝、この麻の束を引上げると、小エビが沢山ささっていて、思わぬ余禄にありつけたそうだ。今、思うに、日本古来の漁法に「ぼさ漁」というのがあるが、あれもこうしたことがきっかけで始まったやり方じゃないのかな。

九　麻へぎ

麻が充分に発酵すると、木陰や軒下の風の涼しいところに女たちが集まって、麻へぎ（剝ぎ）をする。これは微妙なコツがあって言葉では説明しにくいんだが、腕のよしあしが即座に判る仕事なんだ。まず五、六本の麻をとって、その麻の根に近い方を右手でにぎり、もう片方（つまり先に近い方）を左手で持って、手首をグリッ、グリッと回してモムと、芯の苧殻と、皮（これもいとと呼ぶ）とが離れる。次に剝がれてきたいと（つまり皮）の端を左手の指にはさんでから、芯にそって強くしごくと、スパッと皮が剝げていく。麻の丈が五、六尺もあると、一度では剝げないから、二回ぐらいスーッ、スーッとしごく、そして最後にスーッとやったときに、ピョンと苧殻がとび出して、うまい人がやると、その苧殻が自分の左前わきに綺麗に揃って置かれる。こうなるには娘時分からやっていないとだめだ。

そして同時に、剝がした皮は、お互いにくっつかないように、蛇がとぐろを巻くようにまわして置く。こうしないと、次々にのせていく皮（つまりいと）が、それこそ麻と乱れて始末に困るんだ。

実際にやってみようという人のために、ここのところを、もっと詳しく言ってみようか。はじめ、自分の右前から左前に向かって皮を剝いでいくわけだが、残りを剝ぐにつれて、左前から折り返して、右前に皮をもってきて、クルリッと左まわりにいとをまわして、中ほどで、こちら側にいとの端をそっと置く、この説明で判るかなあ――。こうして剝いでまとめた皮を、箍麻（たがそ）という、桶のたがみたいに丸く巻いてあるからだ。麻三束でたがそが一つできる。

ここで苧殻（おがら）のことに触れておく。これにもまた霊力があってね、盆の迎え火に焚くのはもちろん、葬式に使う。苧殻をたばねたのをタイマツといって、葬礼（そうれ）のとき、和尚さんがこのタイマツを、龕（がん）にバーンとぶっつける。冥土の道のタイマツというわけで、これが葬式のクライ

マックスで、このときみんながワッと泣く。

苧殻はまた屋根葺に使った。屋根の一番下を苧殻で葺き、次に古い萱、その上に新しい萱を葺いて行くんだ。実はオレ、朝鮮へ旅行したら向こうも全く同じ葺き方だったんで涙が出た。慶州の農家とか、水原の民俗村の家とかで見たんだけれども。さらに味噌玉も見たが、これはそれを縛る縄までが全く同じだった。また萱の束の大きさとか、柴の縛り方のこぶ結びまでオレの方と同じ、ついでにいうと龕（棺を入れる輿）の形も同じだった。――こういうものまで同じとは只事じゃない、だからやっぱりオレたちは、朝鮮半島から、この列島に渡って来たんじゃないのかな、そうしみじみ思うよ。

……金達寿さんが、このあいだオレの田舎の家に来て泊って、

「和賀に来て、わが故里を見る」

という一句を残して行ったけれども、その通りなんだ。オレも慶州に行って、わが故里を見る想いだった。

十　箍麻つけ　この箍麻を、さらに三日間、種井戸に浸けて発酵させて、不純物を取り去りやすい状態にする。

十一　麻なで　麻に残ったカスを、こそぎ落とす作業だ。道具が二ついる。一つはなで板、こ

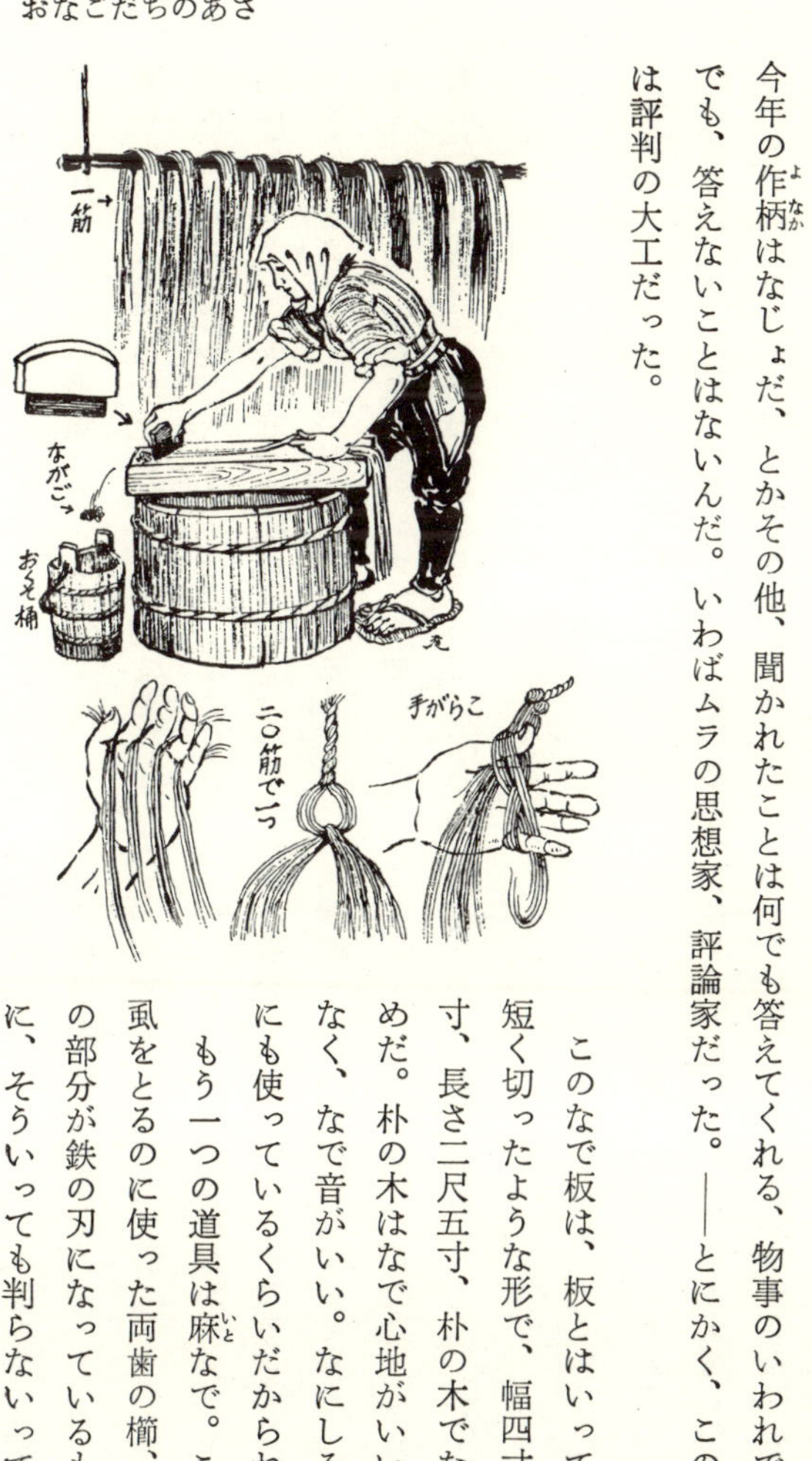

の板の表面は、ムラの名工にサーッとひと息にカンナを掛けてもらって、絶対の平面に仕上げてないと、いいいとができない。田中橋の吉助どの(オレの母方のじいさんの弟子)とか、オレが少年時代に弟子入りするつもりだった南島竈(みなじまかまど)の春松どのとかね。――この人は考え者(かんげしゃ)といわれていた。今年の作柄(よなか)はなじょだ、とかその他、聞かれたことは何でも答えてくれる、物事のいわれでも、道理でも、答えないことはないいんだ。いわばムラの思想家、評論家だった。――とにかく、この春松どのは評判の大工だった。

このなで板は、板とはいっても、柱を短く切ったような形で、幅四寸、厚さ三寸、長さ二尺五寸、朴の木でなくちゃだめだ。朴の木はなで心地がいいばかりでなく、なで音がいい。なにしろ琵琶の駒にも使っているくらいだからね。

もう一つの道具は麻(いと)なで。これは昔、虱をとるのに使った両歯の櫛、あれの歯の部分が鉄の刃になっているもの――なに、そういっても判らないって、うん、じゃ図を見てほしい。この二つの道具は、おなごが代々譲り渡していくもので、女たちの宝物だった。――それで麻（いと）なでの手順はというと、まず、なで板の上に麻（いと）を置く。水を含んでいるからピタッと板に貼りつくね、この上に麻なでの刃を当てて、力いっぱいグーッと押して行く。するとカスがとれるんだ、このカスを苧（お）くそというが、まさにそんな臭いがして、いかにも閉口だった。これを苧（お）くそ桶にこそぎおとすと、麻が透明に板にくっついて、あるのかないのか見えなくなる。そのくらいにいってないとダメなんだ。だから力もいるし、手加減も微妙で、板の表面が物すごく平らじゃないとうまくいかない。春松さんのカンナが必要なわけさ。この苧（お）くそも捨てない。川に持っていって叩くと繊維だけが残る。これをなかごといって布団のわたにした。どずわたといったな、暖かいというより、どずーッと重たいんだ。

オレのマルバアさん、ムラで一、二を争う美女でね、体格もよかったんだ。さかりの頃は、荒馬の駒の睾（きん）丸抜かないのを、二頭たてて、二里三里の山奥に草刈りに行くしね、男でも難しいことを、どんどんやってのけた。嫁にきて、亭主が日露戦争で死んでから、また別にある男から好かれて、こどもできたりして、まず、オレからいえば、超えーた感じで一生おくったね――。

その時分には、馬にも召集がきて、軍馬の調教というのもあったんだが、そんなとき、ウチのばあさんがさっさと出かけて乗りこなすんだから、みんなへえーッと感心してた。馬に気をつけ！　やらせたりするんだ。駒の睾丸抜かないのは気が荒いのなんのって、女馬みたらやたら追っかけて行く、昔の馬はとにかく荒かったね。今の馬は随分おとなしいよ、人の言うこと聞くように改造されちゃったんだ。

ところで、麻なでの話の続きなんだけれど、そういう気性の強いばさまがやるんだから、その勢いたるや大したもので、オレのおふくろじゃとてもかなわない。なでた麻みれば、その人の気性が判るといってたが、ばあさんのなでたのは力がはいっている、——けれど荒っぽいんだ。

スーッとなでて、苧くそをとって、板からはがしたのを一筋といって、次々に棒に掛けて行く。二十すじごとに、くるっと結んで、この束が一つという単位になる。いと一つといえば、二十すじのことだ。この単位は大事で、最後の段階のいと績みまで、この単位をバラバラにしない。そして、二十すじをいと一つに結ぶときの結び方に、その女その女のやり方があって、結び目を見れば誰のいとかすぐ判る。実は、先日、オレが田舎の蔵からいと一つ取りだしてきたら、おふくろがひと目みて、

「ああ、バアさんがなでたいとだ」

とすぐいった。結び方がいわば署名と同じなんだ。四十年前、オレが生まれたころ、ばあさんが結んだものだと思うと、なんだか心がこもっているような気がして、その結び目を、オレはほどく気がしないんだ。

そう言えば、万葉集には、麻の歌が実に沢山あるな。結ぶとか解くとかという歌も随所に出てくる。

櫻麻の麻原の下草早く生ひば
　妹が下紐解かざらましを

十二　麻わけ

おふくろが、あねこ（主婦の座を譲られる前の嫁）だった頃は、麻なでが終わって、当然二、三日内に麻わけがあるはずだというときは、「なんぼ貰えるか」というんで、寝つかれないほど待ち遠しかったそうだ。麻わけは、その家の主婦が、おなごだぢに分配する。オレの家では、ばさまがある昼下り、

「麻わけするから来えやい」

というと、曽祖母、嫁、つかわれている女衆などが、いそいそと寄って来る。オレのおふくろは、亭主と自分の分として、さっき言ったいと一つの単位で数えて、三十五から四十ぐらい貰う。いと三十で一反織れる。もっともこれは、ののどおしといって、縦糸、横糸とも麻で織る場合のことで、縦糸を木綿にすれば（木綿たて）もっと沢山織れるわけだ。

織り方のことに、ちょっとだけ触れておこう。（織り方の話に深入りすると本稿が長くなりすぎて収拾がつかなくなりそうだから）ののどおしのように、縦糸まで麻にすると、着心地はいいんだけれども、筬

のすべりが悪くて、織り手は苦労するんだ。筬遊び（おさあそび）といってね、筬の動きが軽いのがいいんで、その点、縦糸を木綿や絹にし、横糸だけを麻にした木綿たてや絹たてだと、織り易いわけだ。筬が遊ぶからバーン、バーンといくらでも景気よく織れる。だからモノグサな女は、木綿たてにするわけさ。けれども、あそこの嫁は木綿たてばかり亭主に着せてる、といわれるのはいいことじゃない。ののどおし着せてる、といったら、もう、いかに夫を大事にしているかの証拠だ。

ところで、さっきの麻（いと）わけの話だが、こうしていいとを貰うと、嫁はこれを、嫁入りのときに持ってきた長持に入れて、ビーンと錠をおろしてしまう。この長持が女のプライバシーを守る最大の容れ物の一つで、ほかの人がこれにさわるのはタブーだった。長持に入れてビーンと高々と音を響かせて錠をおろしてしまったら、

「あッ、まちがった、さっきのいいと五つ戻してけねが！」

なんていうことは、絶対にできない。ビーンという錠の音が私有の宣言なんだ。だから、バネのよくきく音のいい錠をわざわざ作らせて長持につける。女の長持にはそれだけの重みがあった。

十三　手がらっこ　いいと一つの単位にまとまったものを、次に指にからんで8の字の形に束ねる。これを、手がらっことという。

十四　麻うるがし　手がらっこを、三十人分ものめしが炊ける唐金の大鍋に入れて火にかける。このとき、カラクルミといって、胡桃を殻のついたまま石で潰したものを一緒に入れ、囲炉裏の自在鉤にかけ、遠火にして沸騰しないように気ながに火にかけておく。これを麻うるがしといった。
胡桃の油で、麻にツヤを出そうというのだろうか。胡桃の油はカラッと乾いてねばつかない。油絵の方でも、絵具を溶くのに一番いいのは、胡桃の油なんだ。この胡桃とりは、オレたちこどもの仕事だった。屋敷内に、胡桃や白百合を植えたら、その家は絶えるなんぞといわれているので、少し離れた所に植えてあった。

十五　麻しぼり　充分にうるかした手がらっこを、丹念に絞る。ほかの布でくるんでから、足で踏んだり、手で押したりして、みず気をとるんだが、手がらっこの形を崩したくないから、ねじったりはしない。

十六　麻もみ　少し湿ったままのいいとを、竹の道具の先につけて、蓆に叩きつける。この道具は図のように簡単なもので、二本の竹の端を、あさひもでつないで、ここに手がらっこ二つ分、つまり四十すじのいいとをはさんで、何度も蓆に叩きつけるんだ。オレの家の道具は、幕末時代、高橋モトが使ったものだから、百年以上になる。もの持ちのよいのに感心するが、とにかくこの竹にはさんで、バタン、バタン叩くと、いとがグチャグチャに縮れて、ちょうどパーマネントをかけた髪のようになる。

そういえば、こんなことがあった。戦争まけた頃、ムラの女が町へ行ってパーマネントを見て帰ってきた。彼女が、

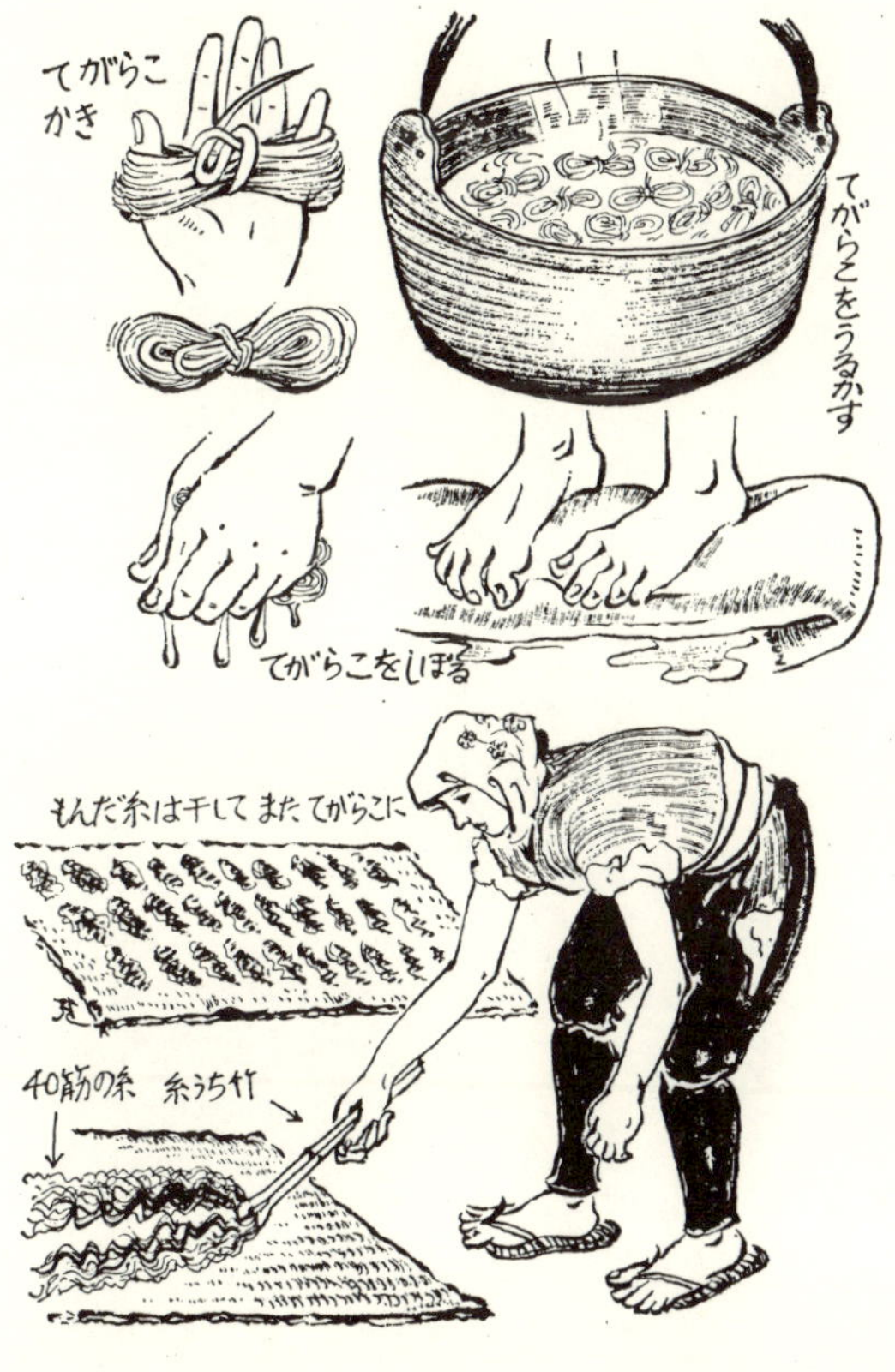

「町の女(おなご)がおがしなぇカミしてだっけ」

といくら説明しても誰にも判んない、そこで、

「とにかく、もんだいいどのようなちぢれっ髪してだっけ」

というと、みんな一ペンに判った。

「ほうそうが、アメリカ人の真似だべが！」これが、わがムラにおけるパ

ーマネント事始めだ。

もんだいとは、蓆に並べて乾してから、ねじり袋（きんちゃく状の袋）にギリッと入れて、寝室の奥の長持に入れて置く。

――これでいよいよ機にかけるのか？　いや、まだまだ、その前にいと績みという大仕事があるんだ。では、いと績みとは何か。

十七　いと績み

『魏志倭人伝』に曰く、

「禾稲、紵麻を植え、蚕桑緝績し、細紵、縑緜を出す」

このなかで、緝績とあるのが、いとを績むことだそうで、この列島の人たちは大古から、いと績みをやっていたらしい。「績む」というのは、つまるところ、繊維の端と端とを撚り合わせて、長い一本の糸にすることをいうので、いとつくりには欠かせぬ作業だ。

このいと績みの場がまた、おなごたちのコミュニケーションの場なんで、囲炉裏のはたで家族で績むこともあるけれども、気の合うもの同士が寄って績んでみたり、いろいろだ。ばさま同士が集まって、嫁の悪口いいながら績んでみたりしてね。いずれもオレの親類たちだから、べらべらへらめく（饒舌する）、そうすると、いと績みは口にくわえてやるんだから、できてくるいとが段々荒っぽくなって、太くなっちゃうわけだ。気がついたときは、着物に織れるような細さじゃないのよね、

「あやや、こりゃ、こどやった！」

というんで、ずーとたぐっていって、太くなったところから別に分けてしまう。この太いいとは、魚とりの網だとか、馬の腹当て（アブを防ぐ）、モチ米を蒸（ふか）すときの蒸籠（せいろ）に入れる敷布（しきの）、それに蚊帳（かや）にする。

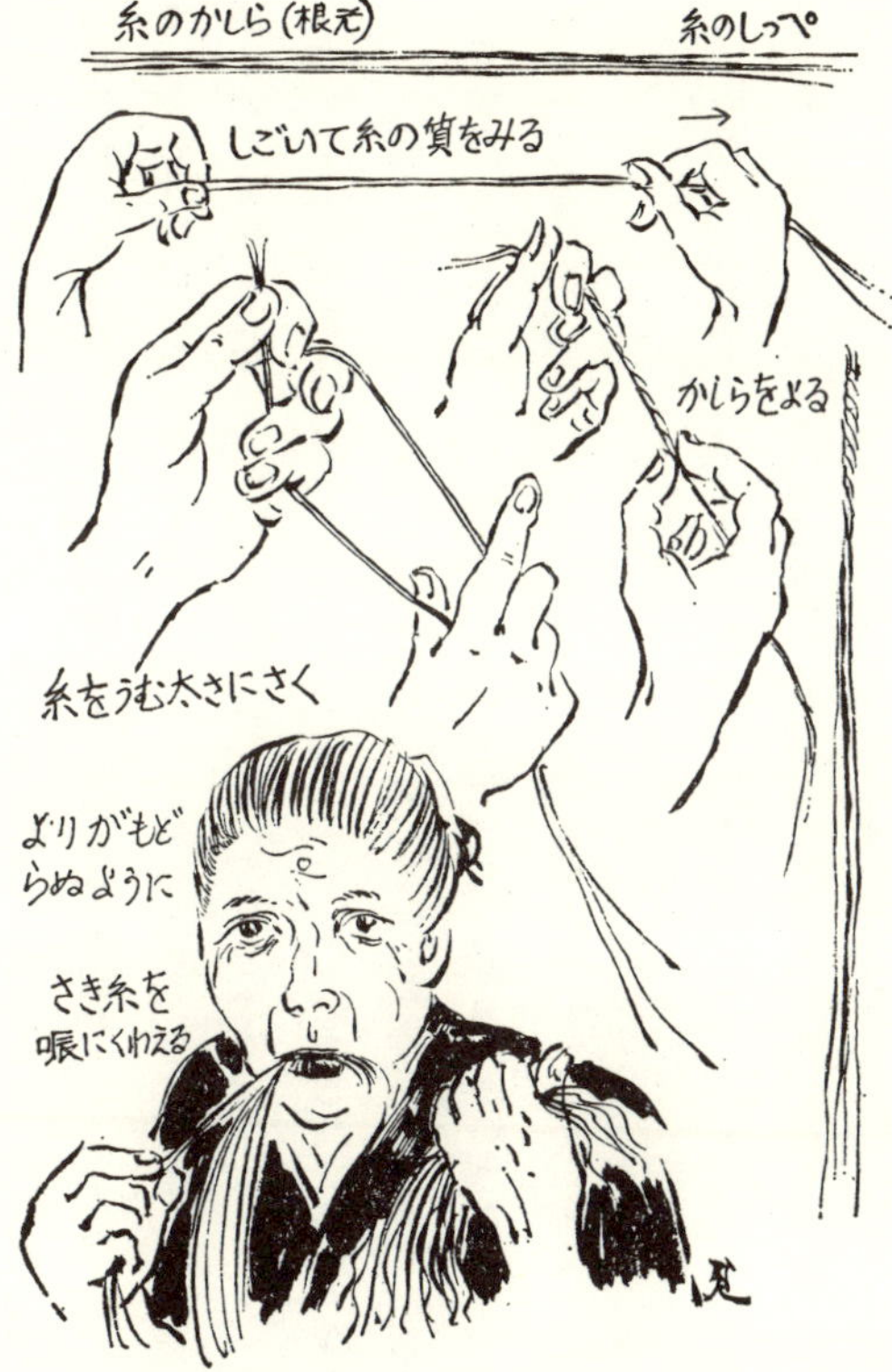

いと績みの手順を少しくわしく話そう。

まず「さき糸つくり」をする。一すじのいとを、左手に持ち、それをうむ糸の太さに裂いて、そのかしら（根元の方）を右手で撚る。その撚りが戻らないように、口びるにくわえる。ここまでが、いと績みの前段だ。

次に、口にくわえてい

るさき糸のかしらを左手に持ち、それより五寸ほどのところに右手で撚りをかける。こうして五寸間隔毎に撚りをかけていく。やがて一本のいとが先細りになって来たならば、その途中を二股に分けて、その間に口から新たにもう一本のさき糸をとり、それを縄ないの稾を継ぐときのように、指先で撚り込んで継いでゆく。これを繰返して長い糸ができて行くわけだ。

口から糸が生まれて行くところは、蚕に似ているかもしれないね。唾のついた繊維を、指先で縄になって行く感じといってもいいだろう。ツバで麻の繊維がしっかりからみついて糸になるんだ。だから愛する人のために、いとを績んで布を織って着せる、ということは、ツバでかためた着物をきせるということなんで、軽いことじゃないよ。自分の体の一部が、確実に相手に纏(まと)わりつくんだ。

いと績みと昔語りとは、オレにとっては切り離すことができない。ハギ曽祖母(ひっこさん)やマルばあさんが、麻(いと)をくわえた口を、モゴモゴさせながら話してくれたのが、ほんとうの昔語りだ。なんでもないのに、「皆さん、こんにちは、では昔話をしましょう」なんて、テレビの昔話みたいなことは、あるはずがない。口にいとくわえているからしゃべりにくくって、グニョグニョやっている。ちゃんとした発音で聞いた昔話なんて、オレからいうと、どうかしているんだ。

「昔かだってけろ」とオレたちがせがむと、曽祖母(ひっこさん)が、必ず、「昔あったどさ……」から始めて最後に「……それっきり、どんどハレ」で終わるのにきまっていた。同じ話を何十遍も聞くから、こどもだって、もうあきちゃって、「そんたな話、聞きたぐねッ」とだだこねることもある。また、こどもをあきさせて、早く眠らせようという目的の昔語りもある。常に、人を惹きつけて面白くしなければいけない、というのは現代の病気なんだ。

「落づべぐ候」という話を覚えている。オレは曽祖母(ひっこさん)みたいにうまく語れないから大筋だけ紹介してみよう。

「昔あったどさ、――あるとごさ、昔ききてぇ、昔ききてぇといってる長者どのがいだど。『あーあ、あぎるほどオレさ昔きかせでけるものハ、いだらば娘の婿(もご)にしてけるッ』と言ったど」

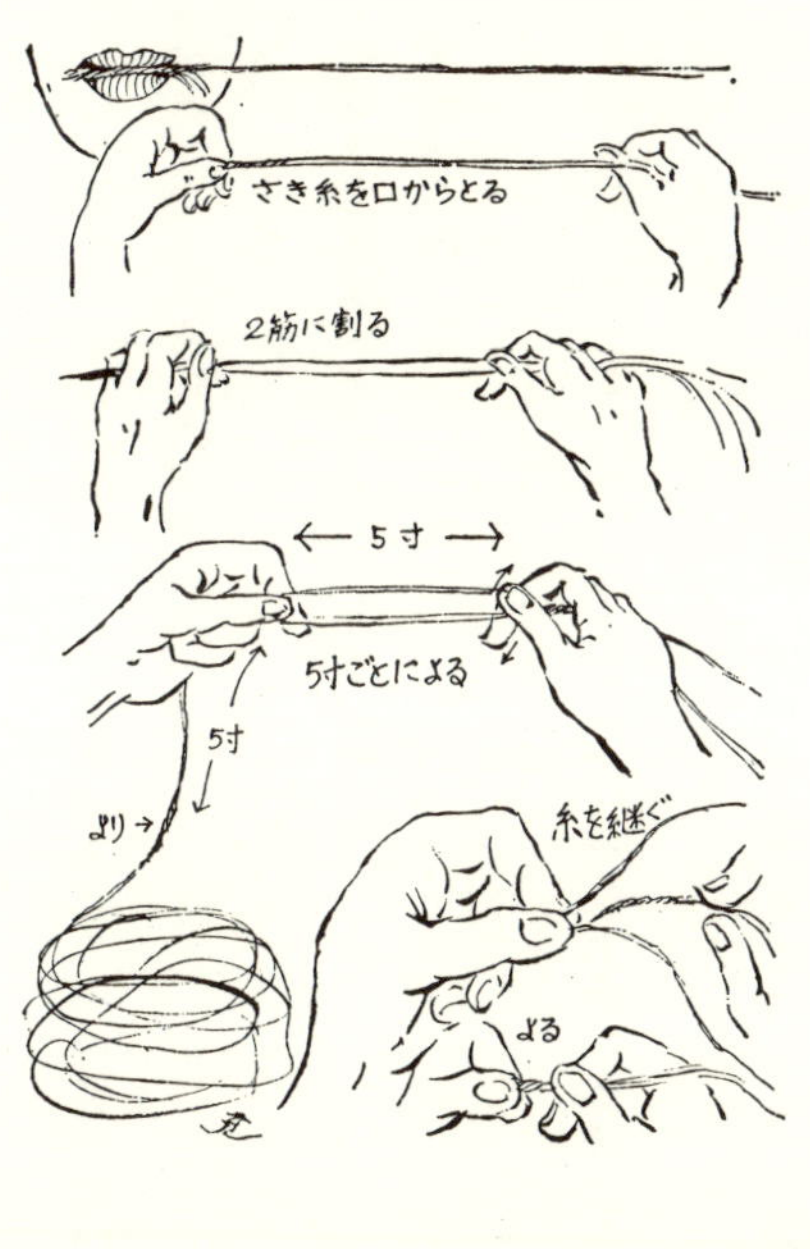

というところから話が始まる。そして我こそはという昔語りの名人が何人も来るが誰もかれも失敗して、最後に旅の六部(ろくぼ)が現われて、長者に一つの条件を出す、

「大きな橡(とち)の木があって、ひと風ふけばトチの実は井戸(池)さバラッと落ぢると言(ゆ)ったら、長者どの、申し訳ねどもお

前さまは、『落づべく候』と言ってくなしぇ」

と、こう言う。よしきた！　と長者が承知してその男の話が始まる。

「ほれ、ひと風吹いだずおん、バラ」

「落づべく候」

「それふた風吹いだずおん、バラバラ」

「落づべく候、落づべく候」

…………　…………　…………


この話がどこまで行っても止まらない。さすがの長者どのもいやになって、

「あー、あぎだ、あぎだ」

と言ったれば、まんまと六部（ろくぼ）に娘貰われてしまったと、「それっきり、どんどハレ」

これを聞いているこどもが、長者どのの役になって「落づべく候」と言わなくてはならないんだから、こどももつくづくあきてしまう。


また、こんな話も思い出した。

「昔あったどさ、ながーえ、ながーえ青のろし（青大将）はいで、そいづが、前塚見山（まえづかみやま）を越えで、水沢の方さ行ったど、用たしさ」、この蛇は余りに長いから、何日もかかるわけだ、自分の身の長さでね。

「今日もネロネロ、あしたもネロネロ、あさてっもネロネロ、しあさっても……」

曽祖母は績んだいいとを苧笥に入れながら語ってくれる。もちろん、ネロネロは寝ろ寝ろにかけてあるんだ。こんなの聞かされるとオレたちだって閉口して、

「わーッ、やめでけろ、まっともしれぇの！」

なんていうが、そのうち眠ってしまう。ながーい褌を引っぱって歩く男の話もあったな、今日もずるずる、あしたもずるずる、あさっても……とか、だいたい、型がきまってた。

こうしたいいと績みは、秋から冬にかけての夜なべ仕事だった。績んだ糸は、苧笥という曲げものに入れる。高さ一尺、直径一尺くらいの円筒型で、これに三杯分の糸があると、ののどおしで一反織れる。一反分の糸のことを、一反ぐさといった。

十八　へそに巻く　一たん苧笥に入れた糸を、次にへそに巻く。苧環にまくといっても同じことだ。例の静御前が舞ったという、「しずやしず、しずのおだまきくり返し、昔を今になすよしもが

な」という、あの苧環がこれだ。——まず指に紙なんか巻いておいて、これに糸をくるくる巻きつけていって、中は空洞、外から見るとだるまみたいな恰好にする。上から見ると、人間のへそに似ているからへそというんだろう。明障子の目を一つ通すぐらいの大きさにする。このへその真ん中から糸を引っ張り出すと、スルスル無限に出てくる仕掛けになっていてね、それで面白いのは、古事記にもある三輪神社の話が、このへそから出ているんだよね。

活玉依姫のところへ、夜な夜な何者かが通ってくるわけ。そこでへそから糸をとって、その男の裾につけておいたところが、その男は神さまだから、かぎ穴を通って、その糸がどんどん延びて行く。そして糸はスルスル延びて、最後にへそには、たった糸三まわりだけ残った、そこで三輪神社というんだという話だったと思う。この神話は、オレからいえば、この女が、いかにへその巻き方のうまい女であったかを意味していると思う。糸がスルスル延びていかなくては、神さまに気づかれてしまうもの。うまくへそを巻くというのが、オレのムラのおなごたちの自慢で、実に綺麗に巻いたものだ。はすに糸をかけて、中を空洞にして空気が通るように巻いた。これは、糸を乾燥状態に保つためだろう。それと、糸がへその内側から出て行くことによって、一層撚りがかかるような工夫なんだろうか。これも、もっとくわしく言うと、縦糸と横糸とでは、同じへそでも巻き方も違うし、第一、糸の質が違うんだ。横糸には三番麻以下を使うから、縦糸ほどスルスルとほどけない。三輪の神様は、縦糸をつけられたんだろう。これはおふくろの昔語りにもあったな。

オレの田舎では、古事記なんぞ殆ど読んだはずがないのに、この三輪伝説はみんなが知っている。というのは、毎年やってる一関山谷神楽の中に、小田巻姫という名で、この神楽があって、こどものころ、オレもよく見たものだ。神楽師へやるお礼は、米と績まない前の麻だった。小田巻姫の神楽の台本は、オレが教えをうけた森口多里先生が調査して、『岩手民俗芸能史』（錦正社）に書いておられる。土

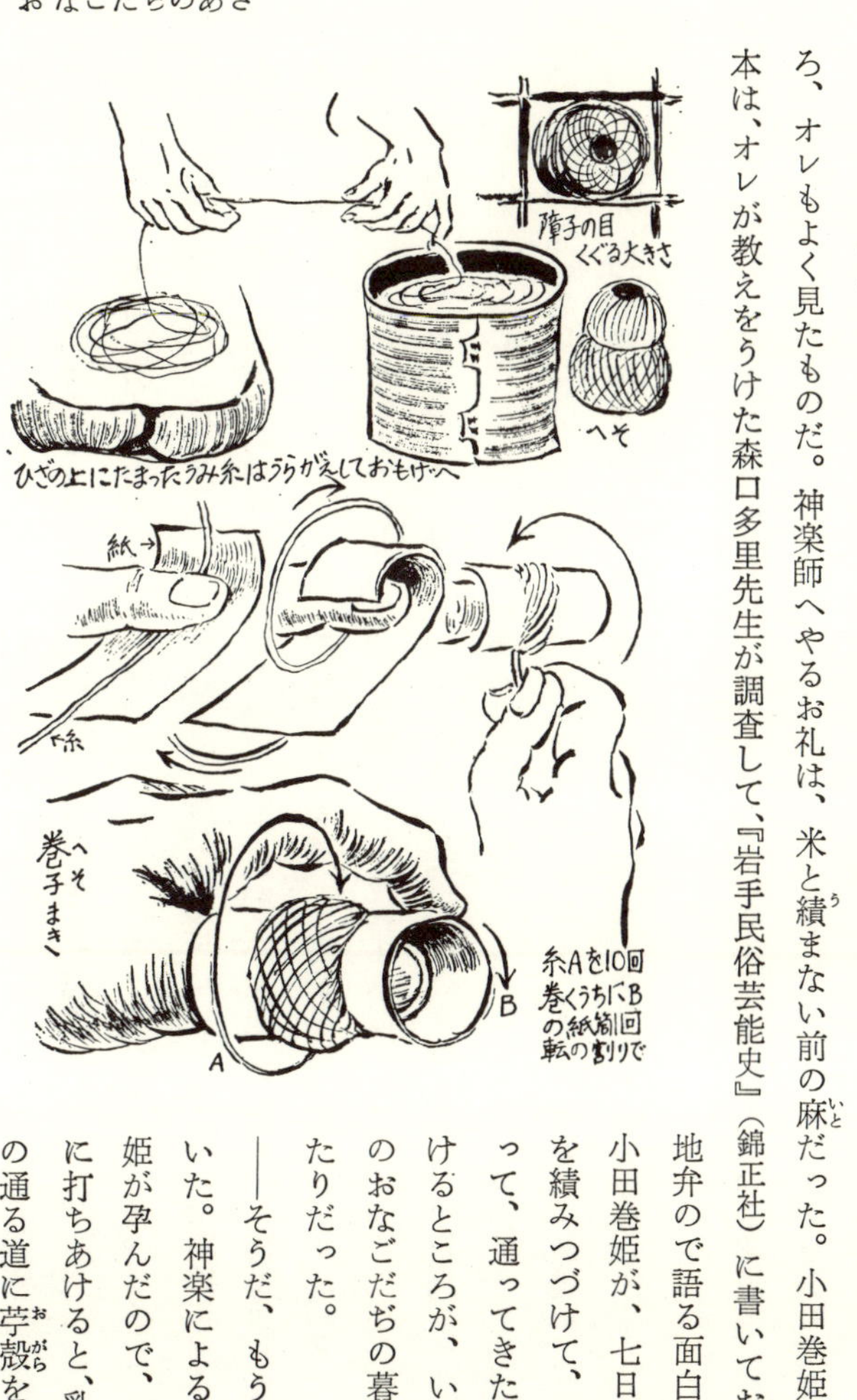

地弁ので語る面白い神楽で、小田巻姫が、七日七夜、いとを績みつづけて、へそをつくって、通ってきた男にくっつけるところが、いかにもムラのおなごだぢの暮らしにぴったりだった。

——そうだ、もう一つ忘れていた。神楽によると、小田巻姫が孕んだので、悩みを乳母に打ちあけると、乳母は、「男の通る道に苧殻を敷いて置く

がよい」と言う。男がただの人間ならば苧殻は潰れていようし、そうでなければ苧殻は潰れぬ筈だ、というのだ。これが神楽のヤマ場の一つになっていたように思う。

ところで、旧暦一月十五日の小正月をすぎると農家の仕事はなくなってくる。そこで二月初めになると、「機（はた）おりさ行ってこや」と姑が嫁（あねこ）に言う。嫁に赤ん坊がいれば子連れで実家に帰るし、オレが生徒だった頃は、おふくろだけ帰っていたっけ。とにかく、がが（姑）が主婦権を譲らないかぎりはあくまで嫁の扱いだった。——そこで嫁は、へそを持って実家に帰って、養生する権利があるのだ。機おったり、田植踊りがあったりして、一カ月くらいの骨休みだった。

この田植踊りというのがまた傑作だった。能楽に狂言がはさまるように、田植踊りの間のしょっきりに、大黒舞とかこっから舞とか、いろんな踊りが出てくる。こんな文句で始まるんだ。

〽ハァ、見いさいなャ、見いさいな、ああ何舞もかに舞も、大とり集め、かき集め、こおこにひいとつ見いつけたんじゃ、こっから舞も見いさいな、こっから舞も見いさいな……

こっから舞は、オレのおふくろの妹ヤエコおばちゃが名人でね、全世界の森羅万象が、ここから、つまり女の中心部から生じるという、はなはだ、直接的な踊りで、コッケイな振りがついていて、

〽ハァ、こっからだ、こっからだ、こっからだ……と踊る。即興的にムラのトピックスから天下の大事件まですべて唄い込んで踊りまわるんだ。

それから、麻に関係のある踊りといえば、ざんぞ舞というのがあった。これは明治時代に宮助というスターが現われてつくったので、宮助舞ともいったが、ざんぞとは讒訴(ざんそ)のこと、つまりかげ口、わる口だ。

〽おら家の嫁ごなんどさ　機(はた)なんど織らしぇれば
ひしてに(一日に)一梭(ひとひ)　だんがらやい
二日(ふつか)に一梭　だんがらやい
三日に一梭　だんがらやい

――だから、一日にたった一回、梭(ひ)で緯(よこいと)を通して、ダーンと織って、あとはもう遊んでいて稼がないというんで、姑のざんぞ、嫁に対するざんぞなわけだ。そして続いて、

おら家(あ)の娘なんどさ　機なんど織らしぇれば
ひしてに一反　早(はー)やもし
二日に一反　早(はー)やもし
…………

これは、姑の娘自慢をうたっているわけで、嫁にきびしく、娘に甘い。娘自慢といえば、こんな言葉もある。

娘三人いれば、囲炉裏(ひびと)の灰(あく)もなくなる

――都会の人がこれを聞いたら、娘三人もとつがせれば、その嫁入り仕度で、家財産がスッカラカンになる、なんて解釈するかもしれないね、ところが違うんだ。これはいゝと績みの話なので、前にいったように、いゝとは胡桃の油でツヤ出しをしてあるから、いざ績もうとすると、指先がすべる。そこで、囲炉裏の灰を指につけて、すべり止めにして撚って行く。それで囲炉裏の灰がなくなるほど、うちの娘は働き者ぞろいだというわけ。盃一杯の灰で、何反ぐさでも績めるんだから、大げさもいいところだけれども、女親の気持がよく出ているね。それから、さっきの、「ひしてに一反、早やもし」のことだが、実際、早い人だと、一日に一反織った。曲尺で巾一尺二寸五分、長さ三丈五尺だから、十一メートルちょっとになるな。――医者殿(ど)のヒメががという女(ひと)がいて、これが名人だった。「医者殿(ど)」というのは屋号、昔そのうちに医者が出たから、今でもそう呼ぶ。そのヒメががは、一日に一反織ってしまう。

十九　いとより

へその話が思わず長くなってしまった。次に、このへそからいゝとをとって、糸より車にかける。いゝとを績んだ段階では、いゝといゝとの端をつないだだけで、途中はまだ繊維がよくからんでいないから、全部に撚りをかけないと丈夫な糸にならない。ブーン、ブーン、ウン、ウン……というリズムで何百回転の勢いで糸ぐるまをまわすんだ。先日もテレビで、「糸ぐるまをクルク

ル、クルクル回していました」なんて言っていたけれど、そんなことじゃ、撚りはかからないね。

――こうして、ともかく麻糸ができるわけだ。

実はこのあと、織るまでには下準備が何段階もあってね。たとえば、よしろするといって、ソバをカラごと潰して薄いのりをつくって、糸をこれに浸けたりする。これもまた、「娘こい！」というわけで、母親が、どのくらいの濃さののりにするかということを教える。指がツラツラするほど、というんだが、その感覚を娘に確かめさせる。なんでもこういう風にして、感覚を通して伝えていた、麻とは関係ないけれど

鮨をつけるときなんぞもそうだった。

——だから嫁さんの実家の流儀が入ってくるんだ。娘時代に母親から教わったものが伝わって来る。オレのおふくろの場合なら、母方のヒメばあさんのやり方が経(たていと)となって伝わってきた、母系の伝承だ。そしてまた姑のマルばあさんのやり方もおふくろの中に当然はいって来たわけだから、これが緯(よこいと)だ。この経緯(たてよこ)の糸がオレの家の暮らしの中に隅々まで通っていた。だからこれもひとつの織物だったんだね。麻だけじゃない、衣

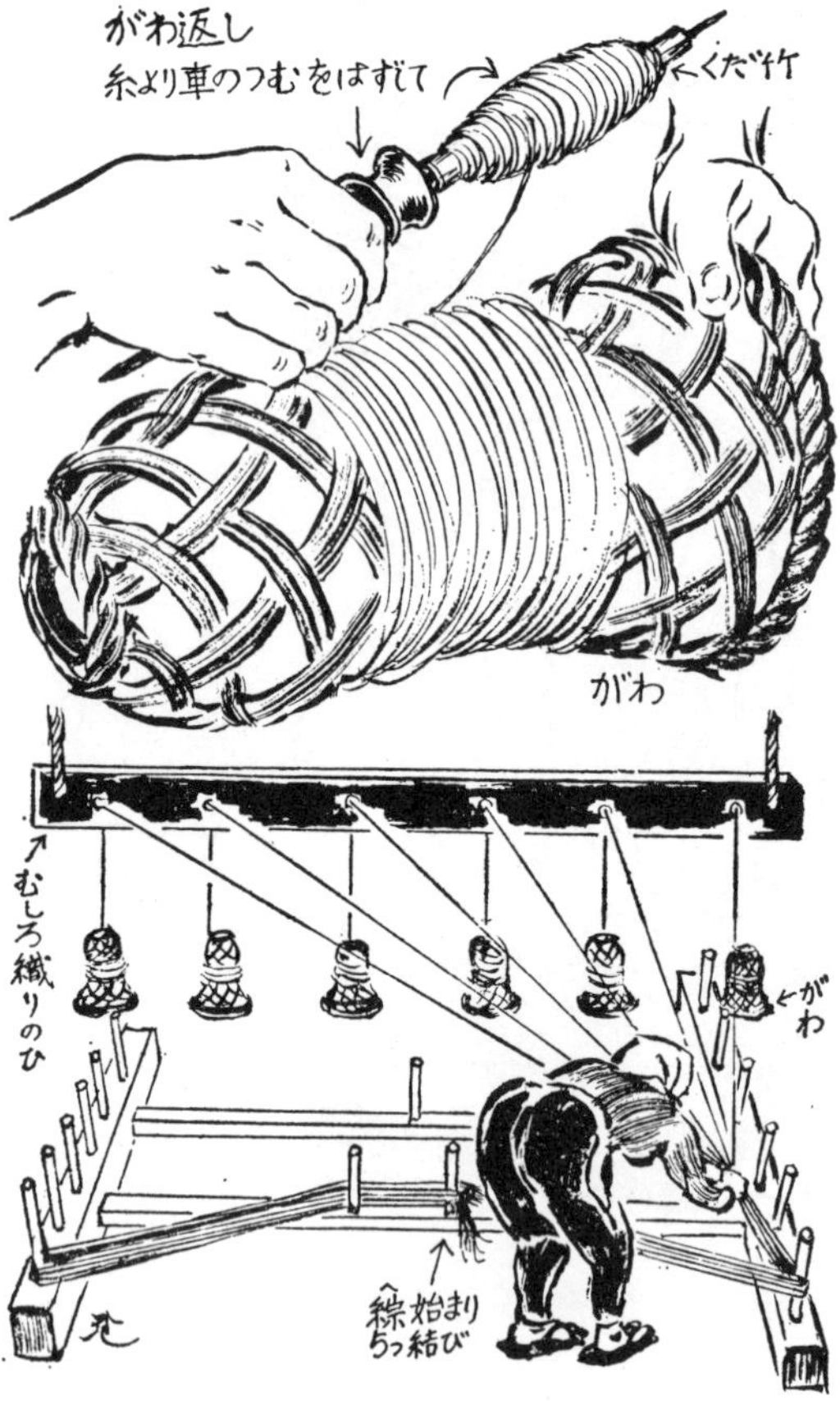

食住すべてにわたって、何千年と織りつづけてきた織物だったのだが、これを織る筬の音は、もう聞くことはできない、ついこの間まで聞こえていたのに。

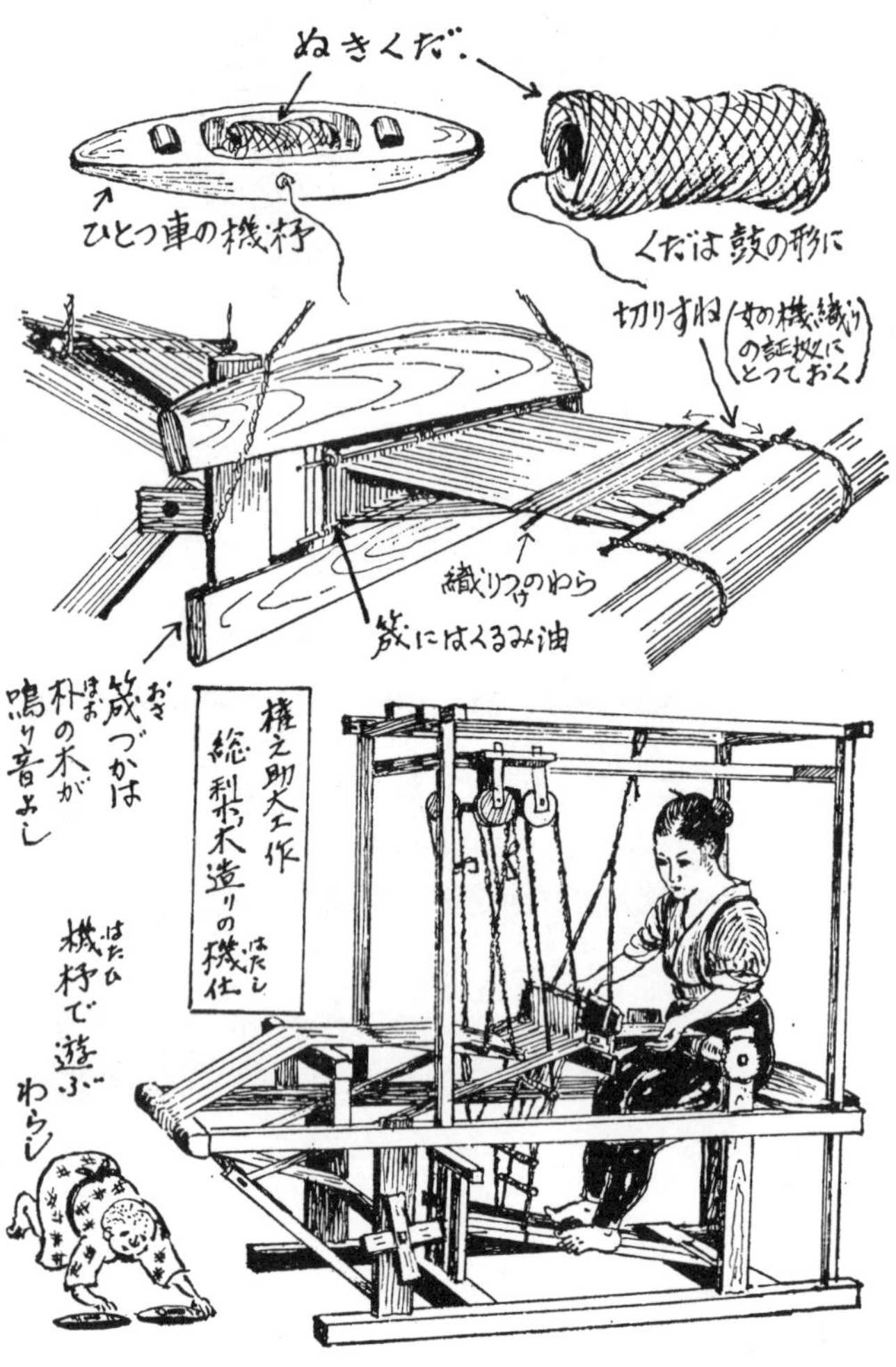
ぬきくだ
ひとつ車の機杼
くだは鼓の形に
切りすね（女の機織りの証拠にとっておく）
織りつけのわら
筬にはくるみ油
筬つかは朴の木が鳴り音よし
権之助大工作
総梨ノ木造りの機仕
機杼で遊ぶわらし

おふくでん

1

オフクデンというのがある。といっても、お福さんの伝記というようなものじゃない。オフクデンのなんたるかは、オレがここで語ることを一つの資料として解明してもらいたいくらいなんだけれど、とにかくオレが生まれた岩手県和賀の山間（旧岩崎村、現在の和賀町字山口）に伝わる言葉なんだ。

オレが前に〝へらめった〟（饒舌した）「クロポドゲの念仏講中」というのは、宗教をもとにした集まりだ。「秋ぱの仲間」の話もしたが、あれは、萱屋根の葺き替えのための組織がもとだ。ところが、オフクデンにいたっては、まったく目的が明確じゃない。

とにかく、今晩、オフクデンがあるという噂がパーッと流れると、何町何カ村の若者といわずなんといわず、抜群の服装して、ワーと押しかける。たとえば、山口の西川原田のオレの家でオフクデンがあるとなると、何町何カ村の、「オレこそ男を上げたい」「女を売り込みたい」というのがワンワーッと集中しちゃうわけ。そして飲めや謡えやで、男女がもつれにもつれて、騒ぐにいいだけ騒いじゃう。バクチ、ケンカなんでも起きるが、その中で、ピカーッと光る人間が、何町何カ村のリーダーというか、光る男、光る女の評判をとるわけさ。――これがオフクデンなんだ。

実はこの冬、オレたちの山口小学校の創立百年祭があって、オレも東京からかけつけたんだけれども、その時も村の年寄り連中に聞いてみたのだが、とーにかく物凄いものだったらしい。オフクデンに参加(かだる)ぞッという人たちの足音で、ドドド、ドドドーッと地響きがしたものだって――。来るのは血気さかんな若者ばかりじゃなくて、年配者だってなんだって、オラハこれで行(え)ぐ！というのが最高の服装(かったち)して、ワンワーッとやってくる。オフクデンの会場になった家(え)では、ドブロクを出して徹底的に飲ませる。あの家(え)は、オフクデンやれるって言われたいために、オレの家(え)なんかもデッカクつくった。襖を全部はずすと、百六十畳敷の大広間になって何百人という人寄せが出来る。ウチの萱屋根の葺き替えだけで、五百人はザラに集まるから、それが雨でも降ると家の中にみんなはいれるんだから。普通の葬式だって、二、三百人はさっと来るからね。だから今の都会の住宅地の人たちより、農村の以前の社会の方が、人が寄ったり散ったりは、はるかに頻繁だった。

そしてオフクデンの場合には、講中なんかを乗り越えているところに、すごいエネルギーがあると思うんだ。普通のムラの秩序とはまたひとつ違う、なんというか生命の奔流の秩序があるんだなあ。

前に紹介したかくし念仏の寄合いには、厳粛なルールがある。会場の家に行って、玄関を上がるのだって、嗽水(おげえみず)(うがいの水)とか手を清めるちょうずの水とかが決まっている。もうその日には、土間を歩かせないように、すべて藁で敷きつめて、蓆が敷いてある。草履もアシナカという特別なのをつくっておく。オレも作らされたものだけど、鼻緒の親指と人差指の間にはさむ穴の位置が普通の草履と違うわけ。――そういうふうに、かくし念仏の集会とか法事とかには、秩序だてて一寸一分も違わないようにやる。ところがオフクデンは、そういうものを全部とり外してしまう。なかでも驚くのは、村境いを越えて人が集まるということなんだ。

いまどき、そういってもピンとこないかも知れないが、村境いといったら、これは大変なもので、オレたちこどもの頃でも、村境いを出たら命がけのケンカを覚悟してた。和賀川一本へだてて向こうの横川目(よこかわめ)側と、こっちの山口側とでは、ときに血の雨が降るぶつかりあいがあった。こどもから大人までがそうだ。川の両側というのは、ことに、田んぼに水を引くとき利害が相反するからなのだろうか。この村境いの感覚が今の若い人にはないね。オレなんかも東京へきてから薄れてたんだが、このあいだ韓国へ行ったとき、久々に思い出した。連絡船で釜山に着いても、船の中でさんざん待たされたあげく、やっと税関なんだが、これが気味がわるい。オレなんかは髪は長くしてるし、ヒゲはのばしてるし、ある程度、あやしいと見られると思うしね。武器はないかとボディタッチされたとき、ゾーッとして、久しぶりに村境いを越すときの感覚を思い出した。ホントいうと、オフクデンもウチの山口部落の連中だけでやるのなら、よくある無礼講ということで、大したことはない。もっと底の方からエネルギーが出てきて、村境いを越してやって来るところがすごいんだ。なんでも時代によっては、岩手側と秋田側の両方から人が集まって、千二百米くらいの国境いの山でオフクデンみたいなのをしたものだという。こうなると常陸国風土記の筑波山の嬥歌そのものだ。

さて、いつ頃やったのかというと、秋の刈上げが終わってからだ。ドドドーッと地響きがするというんだから、刈上げがすんだ田んぼを横切って集まってきたんだね。何月何日のなんの日なんて決ってなくて、なかば自然発生的に始まったんじゃないだろうか。オフクデンを主催した人は生きてないし、なんとも茫漠とした話なんだが、大正時代にはまだあったそうだし、昭和に入ってからも、いろんな別の名目で、オフクデンの気分は流れていた。オレも、オフクデンの子供版みたいな気で、オボコアゲなんてのに参加した記憶がある。こどものくせに、ベロンベロンに酔っぱらってさわいだものだ。

実は、オレはこのオフクデンのことが長い間、気にかかっていたので、このあいだ『綜合日本民俗語彙』という厖大な本で調べてみた。するとこう書いてある。

オフクデン　岩手県の立花村あたりで、伊勢参宮から帰ってきた者が、正月十五日に先輩を招宴すること。その席では年齢順が厳守される。

これを見てビックリした。立花村は今は北上市に編入されていて、オレの村のすぐ近くだから、この地方の行事であることは間違いないんだが、オレの知っているのとはあまりに違う。権威ある民俗学者たちの調べだから、きっとそれなりの理由はあるんだろうが、オレの心の中にあり、オレが憧れているオフクデンとは違う。オレのオフクデン（あえてオレのと言っておく）は、日が決まっているのでもないし、年の順でイバルなんて固っ苦しいものじゃない。第一、伊勢詣りから帰っての招宴は、〝同行ぶるまい〟と呼ばれている。これまた大いに飲んでオフクデン的様相を呈するから、さっきの本では、オフクデンをこれに限定して、明晰にし、学問らしくしたんじゃなかろうか。オレの感じでは、オフクデンはもっと茫漠としたもので、いろんな寄合い、集団行動を底から動かすエネルギーそのものだと思っているのだが。学者は、事柄を明確にしようとあせるし、オレたちみたいな地元の生活者は、もっと拡がりとエネルギーをもたせようと頑張るし、考えてみると、これがまた面白いとこだと思うね。

　ところで、学者、知識人というと、すぐ思い出すのは、高橋子績というサムライのことなんだ。これぞ、わが地方の文化人の原型とも言うべき人物でね。子績先生は元禄十三年（一七〇〇年）、同じ南部藩領の太平洋側の港町、宮古に生まれた。すぐれた教養人だったが何かのことで殿さまの怒りにふれて、オレの村の隣の沢内村に流された。宝暦十二年というから、かくし念仏が始まって十年もたたないころだ。六十三歳だったそうで、息子とマゴまで一緒に流されて九年間いた。この人が『沢内風土記』という記録を書きのこしてくれたので、オレたちの祖先の生活が判る。子績は、菅江真澄（一七五四〜一八二九年）の先輩といっていいほど、観察力の鋭い、丹念な人物だった。ところが、この本が和臭をまじえた漢文でかかれているので、読める人が少ない。それを、オレの高校の後輩にあたる北上の学究・泉川正が、何年がかりで読み解いて本にしてくれた。実に意味の深い仕事だ。おかげで、オレなんかも、御先祖さまと対面できるわけだ。

唯だ憐むべきは辺民（辺地の人々）なり。歳を終るも遂に耳目をたのしめ心意を楽しむる所以の者なし、ここを以って、自然、人々衣食住奢侈のこころ生ぜず。かつて見聞せざる故なり。もとより他の伎なく、たまたま休暇あれば、相つどって卮酒六博（酒とバクチ）し、悪少無頼の者またすくなからず。なかんづく正二月にいたっては、村中の比屋（軒なみ）みなばくち宿の如し。貴賤、老少、男女、奴婢ともに上下の分ちなく、昼夜の差別なし。一家内に幾場も囲繞して（グループをつくって）博戯（バクチ）品々なり。宝引きを始めとして、一つ骰子、二つ骰子あるいはかるたの術、加宇・土牟・都久・木工・黄鷹あるいは投戯・難悟などなりと言う。六旬の間（六十日間）一日としてこれをなさざる者なし。これ旧来の土風（土地の風俗）なり。ゆえに七、八歳の童男女といえども、その訣りを知らざる者なし。もっともばくちうちことに甚々しき者においては、時々裸になって一褌を恥ぢず。また放逸、傍若無人、劫掠に利する者すら有り。

当時の文化人だった子績の眼から見ると、二百年前のオレたちの先祖はこんなふうに見えたらしい、それに彼は下戸だった。

毎家、濁酒数石をかもして分に応じて、種々の菜肴を設け、宴を張り、親戚男女聚会す。（中略）互いに賓主（お客と主人）となり、三日三夜あるいは四、五日の間、昼は竟日（一日中）、夜は通宵、飲めや謡えや舞えや、人々その伎をつくし強飲放蕩して去る。主たる者、いささかもその糧料のかくるを顧みざるなり。則ちこれ年中稼穡（農事）の辛苦艱難みな今日これに供するがためなりと言う。

この文章の最後の四、五行はまさにオフクデンと共通する精神を語って余すところなしだ。子績先生はここで、酒のむな！　の教訓など垂れていない。人間が生きる姿をそのまま見ている。そこが子績のエライところで、前の文章にすぐ続けて、次のように肯定している。

最も賞すべき者は、一族の合歓（集まって喜び心を合わす）なり。人情質樸にして信を守り、言を食まざる者ままあり。

このあたりが、儒教でこり固まった当時のインテリとしては、出色の所だ。ただ、子績の息子がオフクデン的雰囲気に染まって、バクチばかり打つようになってしまうので、これには、弱ったらしい。とにかく子績は悲しい人なんで、罪なくして配所の月を眺めながら、啾啾として暮らしていた。

吾れあに遷謫（流されること）をいとわんや。また誰をか怨みん。怨むる所の者は吾が心のあきらかならざることなり。疑えば曾参にして人を殺せるならずや（疑い出せば孔子の弟子のあの曾参でさえも人殺しと思われることになるではないか）。

一犬虚に吠えて百犬実を伝ふに因るか（一人がウソを言うと多くの人がそれをホントだと思うのか）。悲しいかな、悲しいかな、尚ほ何をか言わんや。一念のこれに及ぶ毎に是れ吾が涕涙の頤に交るを知らず。飲食咽に下らずして一夕も安んずること能はざる所以なり。

インテリと地域共同社会との関係については、言いたいことがたくさんあるが、それは後にゆずって、この『沢内風土記』を解説した泉川の、あとがきを引用しておく。オレも全く同感だからだ。

沢内風土記を読んで驚かされるのは、風土記の内容そのものよりも、戦後三十年の変化の激しさである。一七六三年、子績が沢内にあって見たものは、私の幼年時、昭和二十年頃の沢内とほとんど変っていない。生活や風俗それに人々の生活感情等も大体思い当ることが多い。しかし、その後三十年の間に起った変化は想像を絶するものであった。……沢内や湯田を歩くと、無人の農家や廃村が目につく。累代豪雪に耐えたがっしりした柱も、人の世の変転に軒を傾けて雑草に埋もれて朽ちてゆくばかりである。

たしかに彼のいうように農村の現実はここまで来ている。都会でも形は違うが同じことが進んでいる。だからこそオレはオフクデンを懐うんだが、かといって、そこからすぐ処方箋が出るわけでもない。ただ、懐古趣味でしゃべっているつもりがないこともまた事実だ。

オフクデンには、さっきいったように最高の着物をきて集まってくるんだが、頰かぶりして顔は見せないようにする。——夜這いのときなどと同じように、目だけチョピット出す。でも、顔は見せないようにするんだけれど、自分が誰であるかは判って欲しいんだな。そこでね、この矛盾を解決するために、みんな必死になって頭をしぼって、それぞれ独特のスタイルを開発した。見る人が見ると誰だかスグ判る、が、かくしてる。だから深いんだよ。顕著にして陰なるものがあるわけ。

そのスタイルのチャンピオンとして、いまだにその名が残っているのが、カケの下の源蔵殿という先生さましてた人だ。先生さまというのは、クロポドゲの指導者のことで、知識とも呼ばれていた。先生さまはとにかくモテるんだから、念仏あげるから声はいいしね。その人なんか、鳥打ち帽をかぶった上に、モンパボーシというもの、つまり武蔵坊弁慶がかぶっていたような、あの白い布を、びーッとかぶってた。独特のスタイルを開発したわけさ。背のズルーッと高い人で、オレも年とってからの源蔵殿を覚えてるけど、とても恰好のいい人だった。

その他、オフクデンのスターとして名が残っているのは、土井口のコトジという美女。この人などはオフクデンへたださーッと現われただけで、何町何カ村をヘイゲイしてしまうほどの美人だったと歴史に残っているわけですよ。オレのオフクロのいとこに、ミユキという男がいたんだけど、これが医者になった。なんというか、しじゅう、世を憂えている医者でね、最後に左翼運動に入って、壮士くずれというか右翼に惨殺されてしまった。――この人が学生時代に、そのコトジを東京見物に案内したことがあるんだって。すると、銀座通りで道行く東京人が思わず足を止めて振りかえって、「ただ立見した」と、オレたちのムラじゃ言い残されているんですよ。それ以来、「ただ立見する」というのは、ウチの方じゃ、美人をホメるときの慣用句になっている。

ところが、オレから言うともっと面白いのは、法量野（ほうりょうの）のオサキという女（ひと）ね、これはブスの代表として有名だった。不美人も徹底すると、やっぱりオフクデンの人気者になれるんだ。歌が残ってる。

あやや、みだぐねじゃ法量野のおさぎ
　歩く姿は杉の枝

それ以来、不美人は、「法量野のオサキのよだ」といわれた。杉の枝というのは、幹から曲がって出てますね。東北の人間は、以前はエジコ（幼児を入れておくもの）で育つから、足がガニ股になるわけね。そこで「歩く姿は杉の枝」と唄ったんだろう。そうそう、土方巽の暗黒舞踏で、手足をあんなふうに曲げて踊るのがあるけれど、あれが杉の枝だ。――とにかくオサキは、三千世界最高のみったくなし、と言われた人だから——そう評価する方も相当なもんだよね。だが飲めや謡えやのとき、そうハヤしたんで、もとより悪気(わるげ)はないわけだ。そんな歌がとび出してくる宴(ふるまえ)の場の熱気がすごい。——このオサキさんは幸せに暮らしたらしい。オレのオフクロは、晩年のオサキを知ってるけれど、悠然としたものだって。オフクロの実家によく遊びにきて、なんのこだわりもなく、ゆったとして、メシ食ったり語ったりして帰っていったということだ。

五輪(ごりん)の源太郎、これは大立物だ。なにしろムラのために全財産なげ出した。穴堰(あなぜき)といって、山にトンネル掘って用水を引いた人なんだから、男として最高に光るわけだ。オフクデンをやるために大きくつくった家で、五輪という屋号は、そこに和泉式部の墓の五輪の塔があるからそういわれている。そこで和泉式部が詠んだという歌を、オレのバアさんが教えてくれた。娘の小式部に向かって、

小式部や、咲いたる花をただ折るな
　またくる春に何をながむる

するとの小式部は、

母さまよ、つゆの命をもちながら
　またくる春と言うぞ悲しき

とこうやり返したというわけね。しかも和泉式部の生まれた家が和賀川の向こうにあるときては、この話は徹底している。あの情熱の歌人がここで生まれ、ここで死んだとあっちゃ、オフクデンをやらないわけにいかないはずだよね。

それから、たんじ殿。この人は酔えば必ずすっくと立って、演説をする。誰も何を言っているのかわからない。がとにかくエンゼツなんだ。オレなんかも、たんじろオンツァのようにしゃべるのがエンゼツというもんだと、ちいさいときから覚えていた。

そうだ、もう一人、大事なスターを忘れてた。ツカオバというオレの親戚すじの女だ。ツカオバはムラ一番の踊りの名人で、金沢までものして踊りまくった。なかでも得意なのは教育勅語にあわせて踊ること、チンオモウニ、ワガコウソコウソというのに乗って踊りまくって座中を湧かせた。

こういう庶民列伝を語っているときりがない。すべての人が何かの点でスターだ。ここには縄文時代以来の混沌の雰囲気が流れているんで、ある時は嬥歌と呼ばれ、ある時はオフクデンといわれ、結局は同じものだとオレは思う。歌垣なんかの雰囲気は、オレには実によくわかる。オレが体験した一番のさわぎは、オレの家で兄貴が嫁とりしたときだ。兄貴が十九、兄嫁が女学校をやめて結婚したんだから十六でね。一週間、オフクデンなみのドンチャンさわぎをして、花嫁のオフクロは、あんまり嬉しくって、帯といて、天鈿女のようにかぐら拍子で踊りまわったのを、今も覚えている。

そんなとき、歌のかけ合いが始まる。こっちのグループから、

セミはかわいやひぐれがかぎり
　螢うれしやコオリャ夜明けまで
　　ホオェホオェのホーエ

と唄うと向こうのグループもそれにふさわしい歌で返さなくてはならない。メデタ節という節で唄うんだが、覚えてる歌や、その場で即興で作った歌が飛びだすんで、さっきの法量野のオサキの歌みたいなのが、いくらでも出てくる。これはつまり歌垣そのものですよ。このオフクデン的陽気さ、猥雑さのなかにこそ共同制作の力があるので、民謡はみんなこうして生まれたものだと思う。一種の共同感覚が体の中に流れているかどうかが肝心のところだ。

げんに、オレがこのあいだ小学校の百年祭でクニに帰ったとき、「南部牛追い唄」を唄ったら、みんながなんと言ったと思う？　「あーあ、お前は、小さいときから歌ヘダだったな」って全員が烙印おしちゃった。実は、その少し前、新宿のゴールデン街の飲み屋で、これを唄ったとき、サークル仲間の鶴賀須磨寿太夫こと上野博正が、――あの新内の名手であり、きわめて厳しい批評家である彼が、「この歌だけは、ボクもかなわん」と認めてくれたんだが、ソレがクニに帰って唄うと全然拍手なし。どうして、どこがヘタかというと、まず唄い出しのひと声の高音が出ていないというのだ。

　いなーかなーれどーも、サーエー

とこれをオレ一人で唄えば、かなりの線いけるんだが、クニの連中にいわすと、「人中で……」と言うんだ。つまりオフクデン的感覚がやつらには濃厚に残っているから、その座の中で、もっとも高音で唄い出したものに合わせて、次の歌は唄わなくちゃいけないというんだ。これがオレには出せない。二の句がつげないというのは、ここから来る。最初に一座の中でもっとも美声な人が高音でピーンときめると、次の人は、その音程で答えなくちゃならないから、これはきびしい。すべてが総合的にできているのさ。そして全員がさッと立って、すばらしく揃って踊っちゃうからね。

こんなふうにしゃべっていくと、昔のものはみんないいと主張していると誤解されそうだが、それは違う。そんな次元の話じゃない。オレの言いたいのは、オフクデンのような人間の内部から噴出するものと格闘するときに、知性ははじめて一番いい所を出してくるんじゃないかということだ。

2

酒の話をしておきたい。『沢内風土記』に、家ごとに濁酒数石を醸す、とあるように、もっぱらドブロクを飲んでいたんだが、明治政府は無情にもこれを禁止してしまった。泉川正も書いているが、花巻の税務署から取締官がやってくる。酒改めといって最大の恐怖だ。だがいざ酒改めが来たとなると、二十キロもはなれた全村にわずか二十分程で知れわたったもんだ。二メートルも雪が積もる冬には、カメのままに雪に埋め、その上を踏みならして道にした。学校に新任できた教師を、酒改めとカン違いしたからさあ大変、村中が半日大混乱したという。あわてて密造酒をかくそうと、小川に流したので、川が白くなりとんだ養老の滝になったという話もある。

実は、宮沢賢治の詩に、岩崎村つまりオレの村に、禁酒運動の集まりのために行く、という詩がある(「藤根禁酒会へ贈る」作品一〇九二番)。そのなかに、

諸君よ、古くさい比喩をしたのをしばらく許せ、酒は一つのひびである、どんなに新しい技術や政策が豊かな雨や灌漑水を持来そうと、ひびある田には冷たい水を毎日せわしくかけねばならぬ……

そしてこんなふうに言っている。

酒をのまなければ人中でものを言えないような
そんな卑怯な人間などは
もう一ぴきも用はない

賢治は花巻からよくやってきたようで、詩の中にある藤根という部落の青年たちも、熱心に賢治を信奉していたそうだ。そしてあるとき、その連中が中心となって、いよいよ禁酒の儀式をやろうとい

うことになった。親戚からなにから集まって、「お前だちみだえな酒のみが、酒やめるとは、まんずめでたい」ってね。御当人たちも「もうこれっ切り飲まねッ」と大変な意気込みだった。そして「これで酒と縁切りだという終わりの縁切り酒一杯を」というんで、ヒョッと一口飲んだところが、これがさァ止まらない。一週間つづいて、オフクデンみたいになってしまったそうだ。

ところで、このあいだオレは、宮沢賢治と酒飲んだ夢をみた。ヘンな夢なんだけど――オレたちの方じゃ、仲間で酒盛りするとき、土間に藁をサッと敷いてはじめる。馬屋が家の中にあるから、だいたいそこが便所みたいになって、吐きたい人はそこに行って吐けばいい。その馬屋の入口を馬屋口というんだけれど、オレたちが飲んでいるとその馬屋口に宮沢先生がいるわけ、盃もってやってるんだ。オレは、禁酒運動の指導者のはずなのに妙だな？　と思ったとたんに眼がさめた。ところがこの間、クニに帰って、弟にこの話をしたところ、ホントにそういうことがあった、と弟が言い出すんで驚いた。オレの弟は、宮沢先生と一緒に酒盛りした人の知り合いから聞いたというのだ。

その話と言うのは、あるとき、宮沢賢治と一座していたら、賢治が酒飲んだり、サシミ食ったりしているのにふと気付いて、聞いてみたそうだ。「あなたは、禁酒運動やったり、菜食主義みたいなのを説いたりしてる身なのに、これはどうしたことですか？」って。すると賢治は、「アレは若い時の思い上がったようなアレで、今は栄養のあるものは、食べさせて頂くし、酒も飲まして頂いた方が嬉しい」と答えたそうだ。だから宮沢賢治も、いつもかつも「雨ニモ負ケズ」の詩みたいに、玄米四合食えばいい！　みたいなこと言ってたんじゃなくて、彼もオフクデンの一味なんだよ。こういったって、賢治をこきおろすわけじゃない。かえって根元的に賢治を肯定することになるとオレは思うな。彼は三十七歳で若死にしたけれど、七十、八十まで生きてたら、もっともっとオフクデン的になったと思うね。

3

オレは、十八で高等学校を出るまで、家で百姓をしていたが、ある時期、この土地のオフクデン的、クロポドゲ的空気がたまらなくいやになってきた。とにかく離れようというんで、まず宮古の営林署に勤めた。ここで偶然、福沢一郎先生に出会って激励されたのが、オレが絵に志すきっかけになった。そのあと盛岡の美術学校に入り、つづいてキリスト教の伝道団にとび込んだ。テントに寝起きしながら、岩手、青森の隅々まで伝道して歩いたことは、前にしゃべったとおりだ。

青森県の淋代へ行ったとき、こんなことがあった。名前の通り実に淋しい海辺で、家はポツン、ポツン、電灯が昼間でも灯っている。人気がなくて消さないんだ。オレが行ったのは夏の真昼、これは、オレがかねがね敬服しているのだけれど、寿々木米若の浪花節に、「草木もしぼむ暑さどき」という表現があるんだよね。真昼で人気がないとシーンとして魔の時刻なんだ。浪花節語りは、そういうのをはっきりとつかんでいる。

そこをずーと歩いて行くと、浜辺で漁師たちが、何か大きな網をかけ渡している。真っさおな太平洋をバックに、キラキラ光るものが見えるんだ。急いで行ってみたら、イワシの大群をつかまえた刺網を処理してたんだよね。刺網というのは、イワシの大群が泳いできて、これにぶつかると、頭は入るけれど、腹のあたりは通過できない、かといってバックしようにもエラが邪魔になって逃げられない、という仕かけだ。その刺網をたった今、海から揚げたところだった。もう、網の穴という穴、全部にイワシが首吊りしている。何百貫という重さの、銀で作った巨大な蓑みたいなものだ。裏にまわればイワシが何万というガン首を網からダーッと出して、メッタヤタラにうごめいている。——するとね、十七歳くらいの女の子が、木刀のようなものを振り上げて、ザァッとイワシの頭を切りおとすんだ。すると今まで動いて、生きていたイワシが、頭と胴体が別になって、網の両側にバラーッ、バラーッと滝のように落ちるわけだ。女の子が宮本武蔵もかくやと思われるほどのあざやかさでね、しかも全く無表情で、ザァッ、バラーッとやっている。これはものすごーい造形だ。これを見てておれはガク然としたな。——モノがね、人の心をいかに支配することが大きいか、と深く感じたな。だからオレは、造形をしんからやりたいと思った。そこには、コトバが心を支配するのとはまた別のことがあるんだ。

この文章では、絵のことはしゃべる気はないので、もう止めておくが、この光景を見たことが、オレの絵にとっては大きかったね。

ところで、三本木（現十和田市）に新渡戸神社というのがある。新渡戸稲造とその父親が祭神だ。三本木の農業の恩人だというので、でっかい神社になっている。ここのお祭りのとき、オレたちは伝道にいった。たたみ二畳分ぐらいのさらし木綿に墨痕もあざやかに、

神は神社にはいない。キリスト

こう書いて、竹竿に幟のようにくっつけた。さて、大祭の当日、厳かにおみこしが現われると、そのまん前を、オレがこの幟をかついで、たった一人で歩いた。参詣の人が怒って、袋だたきにあうだろう、まかり間違って殉教者になってもいいくらいの覚悟でやったんだ。ところがゼンゼン怒らない。ブックサ言う人もいたけれど、それは土地の文化人みたいな人でね、農業とかやってる大勢の人たちは怒らない。ごくろうさんとも言わないけれど、「まんず、キリストはまァ頑張ってェ」と言うだけ。新渡戸稲造の霊魂もみこしの上で頑張っているかわりに、キリストも頑張れ！という気分なんだな。それ以来、新渡戸神社のお祭りには、大道の香具師が来るのと一緒に、オレたち伝道団も必ず行くわけだ。それがなければ、新渡戸の祭りは始まらないみたいになってしまった。

その時分、オレたちは一軒一軒、キリストの言葉を刷ったものを配って歩いたが、三年目くらいにまた同じ村に行くと、「ああ、あるよ、ホラ、キリストのおふだ」と言うので、ヒョコッと中へ入ってみると、皇大神宮のおふだの隣に、ピタッと貼ってあって、これは神さまのおふだだからと、おがんでいるんだよね。こうなると、キリストは負けてしまうよね。無限抱擁的というかなんというか。

オレが今では、クロポドゲの信者であり、またある種のキリスト者であると、自分で思うようになっているのも、根本は似たところだと思うな。

無限抱擁的だの、なんだのって言ったって、オレでも、これは許しがたい！　と怒りに燃える相手はある。それは東大の医学部なんだ。これは暴動を起こしても破壊しなくちゃいけないとオレは思ったな。全共闘の闘争がおきるずーと前のことだ。

なんでここで東大がとび出してくるのか、説明しなくちゃいけないんだが、二十三歳のときオレは伝道団を離れて上京した。伝道団を出た理由は、要するに、まえにしゃべったような気持の動きからだ。最初の考えでは、奈良、京都を見物して仏さんおがんでまた東北へ帰ろうと思って、友だちから千九百円かりてヒョッと出てきた。それだけじゃ奈良、京都へ行けないものだから、東京で少し稼いでからと思っているうちに居ついてしまったんだ。

だから商売はずいぶん変わったよ。サンドイッチマン、このとき東都一流のマキ・チャップリン先生に師事した。金文字師、これはガラス戸に金文字を書く商売だ。看板屋、自動車製作所、家電セールスマン、三鷹の修道尼院建設現場の飯場ぐらし、ここではガン吹きといって、色つきのモルタルを吹きつける仕事をした。——赤坂のニュー・ラテン・クォーターのポスターかき——あげていくと切りがない。絵かきになるまでに三十何種類の職業についた。その中でいちばん頭にきたのが、東大医学部に掃除夫として入ったときの経験なんだ。

今でも覚えているけれど、朝、暗いうちに起きてサンマを焼いて、その半分を朝メシに食って、残りのはじっこを、ミソ大根と一緒にメシの上に乗せてね、これが弁当だった。この弁当箱かかえて東大に行って、床掃除。いざ昼めしというときになると、オレたち掃除夫には、地下の、実験動物の死体がグジャグジャッとした所しか、場所を与えられなかったものね。地下のずーと下の方で、モルモットかなんかの死骸がいっぱい置いてあって、茶色の汁がコンクリの上に流れていてね。「そこで食べなさい」と言われたんだよ。オレは、わりあいにそういうことは神経質な方なんだが、それでも食べないと死んじゃうから、食べたんです。これが東京大学の医学部か、これは間違ってる！ってモノスゴク思ったね。東大の教授や博士は、掃除夫がそんな目にあっていることをまったく知らないで、立派なことやっているかも知れないけれどね。人間にそういう所でメシを食わしちゃいけないという思想を、もし彼ら幹部がもっていたら、――ただそういう思想をもっているだけで、オレたちがそんな目にあうことは有り得ないはずじゃないですか、一事が万事だ。思想の力、思想の輝きというのは、そういう透徹して行く力をもったときだけのことで、あとは何を立派なこと言ったって、なんの力もないと思うね。

だが、概して言えば、オレは掃除夫やっててかなり面白かった。一流会社の床掃除をいくつもやってたが、これはまたこれで、別の世界が見える。男子禁制の電話交換室で掃除をしていると、交換手嬢たちがに勝手きわまるエロ話なんか、さかんにやっているんだ。掃除夫のオレなんかいたってまったく問題じゃない。

床の汚れのなかには、普通の掃除をしたのじゃどうしてもとれないようなのがあるんで、そういうの専門に拭いてくれって、オレは半年ほど頼まれたことがある。一流企業のオフィスでね、来る日も来る日も、床の上に這いつくばって、インクのシミなんかを舐めるように拭くわけ。そのときのオレは、まるで自動的に汚れを拭きつづける機械だった。自分がこう這いずり廻っているソバに、OLの長い脚があったりしてね。――そのとき、オフィスにいる会社員やOLには、ホントにオレは見えない人間なのね。だから感覚として、誰でも奴隷を使うことができるんじゃないの。感覚として奴隷使用人になれる。向こうは、オレがいても人間がいると思わないんだよ。そうでなければ、気苦労してたんじゃ奴隷を使う価値がないじゃない。オレは床を這いずり廻っていて、ああ、なるほどと思ったね。むしろ使われる快感を感じながら拭いていたね。OLのスリッパのまわりなんかをさ、パンティも見えるんだが、全然なんとも思わないんだ。オレは、人が道具として人を使うということの世の仕組みの、そのもっとも低い段階のはしっこは、どのような構造で、今、オレをとらえているのか、と思うと観察の喜びがあった。すごく心が広がる気持で、人間、落ちぶれてこそ人の道を知るべしと、子子孫々に書きのこそうと思った。オレが、『馬太傳（まだえでん）』という記録をずーと何年も書いているが、こういう心境もかきこんである。拾ってきた革で、立派な革表紙をつけて、オレの絵も入れて綴じてあるんだが、もう五センチくらいの厚さになるほど書きためてある。

ビルのガラス拭きもやった。これは床の掃除夫とはまた格が違って、気位が高い。ガラスを拭いていると、思わずとばっちりがビタッと桟（さん）や窓枠につくことがあるよね。あわててこれを拭くと、ガラス拭きの師匠に叱られるんだ。「それは、あとのやつら（つまり掃除夫）にやらせるんだ。オレたちはガラスだけを綺麗にすればいい」。オレはこのとき、「ああ、なるほど」と思ったね。こういうわずかな違いの所でこそ、格式の差が一番するどいんだなあと思った。華族で言うなら、公爵とその次の侯爵の差が一番火花が散るところだろうね。公爵と伯爵との差になると、表面はむしろ、「よう」なんて伯爵が公爵の肩たたいてもいいくらいな関係だったと思うね、見たわけじゃないけど——。

ガラス拭きなんて、誰でもすぐ出来るようだけれど、これにはこれでコツがある。親方は絶対に教えてくれないね。まず、ある粉を入れた水で拭くんだが、この粉がなんであるかが判らない。これが秘伝なんだ。金がかからなくて、自分たちが生きていけることほど、世の中で大事なことはないんだから、これこそ秘伝なわけ。オレは、この秘伝をつかんだが、ここでは語るわけにはいかない。このばかばかしいほど単純な秘伝だけにすがって食ってる人がいっぱいいたんだから。

ガラス拭きは、高いビルの外側をやると、いい金がとれるんだが、オレは内側しかやらなかった。死にたくないから、落ちたのを三人も見たからね。ところが内側の賃金は安い。食っていけないわけよ。昭和三十五年頃、一月間、朝六時から夕方まで働いて六千円だった。これじゃとても食えない。その頃、大学卒で、自分の年齢と同じ初任給とっていればいいと言われていた。二十二歳で一流大学を出て超一流会社に勤めれば二万二千円、ところが、こっちは六千円。あまりにピンハネが多いからそうなってしまう。ガラス拭きなんて、一人でもできる仕事だから、自分で働き場所を開拓できそうだが、そうはいかないんだ。ガラス拭きは誰も見てない所で働くことがあるんで、信用がないと、ビルで使ってくれない。だからどうしても仕事が利権化していて、一人じゃ食い込めないんだ。とにかく肉体労働にはピンハネがつきものだった。

六〇年安保の頃、オレはまたまた失業のどん底だった。毎日毎日、国会のソバの土堤へいってデモを眺めていたね。無数の群衆が集まって、どよもしているのが一番の魅力で、オレはあそこに行った。そういっていいかどうかわからないけれど、淋代(さびしろ)で見たイワシの大群に似ているんだ、画家としてのオレの血に響くわけね。だからオレは、三里塚でも、王子闘争でも、蒲田闘争でもなんでも、名のある闘争には必ず行った。一緒にデモもしたけれど、まア見たいという方が強いね。それにやっぱりオレの中に流れるオフクデン的な血が騒ぐといった方が正直かもしれない。

もともとオレは、オフクデン的な群衆の奔流の方が、なまじ指導された動きより意味が深いと思っている。ところが、この奔流が、支配者側はもちろん、運動の指導者も困るわけだ。自分の言うことを聞かないんだから。だから絶対に整然とした形にもって行こうと努力する。安保のとき見ていても、リーダーなるものが出てきて——必ず、自分はエライと意識している者が立ち現われて、群衆に対して右へ行け、左へ行けと言いはじめるんだ。みんなが、ソレの言うことを聞きはじめたときには、最初のエネルギーはなくなってしまうな。乱戦状態になっているときが、闘いの最高潮でしょ。オレの考えでは、つねに混沌へ、支配が現われそうになったら、つねに混沌の方へ身を寄せて行く、生命を伝えるのはそっちの方だと思うから——。

思い出したので、最後に虫の話をしておこう。

こどもの頃、オフクロが腹を病(や)んでいると、仙人峠の旗本じさまがきて、マジナイをしてくれたもんだ。このマジナイをとなえて腹をさすると、腹の痛みが不思議になおってしまう。現代のやまいにきくかどうか、さあ、それは判らないんだが——。

虫よ虫　虫よ虫
人を殺せばワレも死ぬ
人を殺せばワーレも死ぬ
虫よ虫　虫よ虫
人を生かしてワレも助かれよ
虫よ虫　虫よ虫　虫よ虫　虫よ虫(むーし)

念仏御用開き

1

あれは、たしか去年（昭和五十一年）の十月十日だったと思う。オレの家で念仏御用開きというのがあってね、うちの兄貴が導師にきまってしまった。かくし念仏の導師、先生さまと言ったら、こりゃもう大変なもので、どんなに重い役目かということを説明しないと、これからの話は通じないと思うけれど、とにかく兄貴も今度は、相当の覚悟だったらしい。

オレの家が入っている西川原田の講中は、掘米講中ともいって十八軒あって、導師はこの講中のリーダーを、今後一生、死ぬまで勤めなければならないんだから、なまはんかな気持じゃなれないよね。実は、オレのオヤジも、中気に当たって死ぬまで導師つとめたから、形の上では兄貴がそれを継いだことになるんだが、オヤジが死んでから兄貴に決まるまで、四年もかかった、大空位時代があったんだ。

なに？　どういうルールで導師が選ばれるのかって――、そうだなあ、ひとことで言ってしまえば講中みんなの合意、全員一致なんだが、これが単純じゃない。詳しく説明しようとすると難しいんだが、非常に微妙な仕組みが働いていてね、みんなの気持が一人のひとに集中したときに、その人が選ばれるわけなんで、「これが選出規則です」なんて、言葉で言えるほど簡単なものじゃないんだ。「落ちづぐべきとごろさ、落ちづいだ」と、講中一同が納得するように決まるんだから、外(そと)の人に話そうとすると、どうもうまい言葉がないんだなあ。言葉っていうのは、元来、そういう不自由なものじゃないの。とにかく、クロポドゲのことは、一事が万事、いっきにスパッと、目あての山の上にヘリコプターででも着くように説明しようたってムリなんでね。麓から一歩一歩、ゆっくり話して行って、だんだんと見晴らしが開けてくる、という風にしかしゃべれないことが多い。いっきに判ったつもりになると、それは別の山へ上って、目的地へ達したつもりになっているだけ、なんてことがあるのじゃないだろうか。

まず、名前の呼び方からして、東京の人は間違っている。オレたちは「かくしねんぶつ」と平板な発音はしない。「かくし」のところを、ゆすり声で、つまり強く発音して、それに「ねんぶつ」を添えるという感じなんだ。だからね、かくしねんぶつという。つまり「隠す」ということに最大の意味を持たせていることを、この部分にアクセントを置くことによって示しているんで、これは大事なことだ。もしかすると、かくし念仏の力の秘密は、窮極のところ、この一点に在るんじゃないか、とオレは思っている、——が、これは、後でゆっくり考えてみたい。

あんたらの信心している宗教の正式な名前はなんというのか？　と聞かれると、これまた、答えに困ってしまう。かくし念仏には、正式な名前なんていう考え方自体が、ない。だから、正式な名前はなんですか？　なんて、オレの講中のジイさん、バアさんに聞くと、そのたんびに別の名前で答えると思うよ。そういう風な、常時、為体（えたい）の知れない状態になっている、外側から見るとね。渋谷地（しぶやち）流念仏講の掘米（ほりごめ）講中なんていえば一番もっともらしいが、まず、そんな言い方はしない。渋谷地さまとか、いや普通には、ただ、仏（ほどけ）さまといえばソレをさすことになっている。そしてまた、オレたちが「ホドゲさま拝む」というと、単なる礼拝じゃなくて、御一念のオトリアゲの式のことをいう――、こんな風で外部の人にはなかなか判らないと思う。

かくし念仏が何重にもベールをかぶっている実例を、もう一つ紹介すると、オレのムラで葬式があると、和賀町の煤孫（すすまご）地区にある慶昌寺の和尚さんが来て、引導を渡すんだ。この寺は曹洞宗の永平寺の流れだから、立派な禅宗で、かくし念仏とは縁もゆかりもない。そして、いとも厳粛に法要を営んで和尚さんが帰ったあと、様子がガラッと変わる。今度は、参列者一同がクロポドゲの仕きたりで、全く別に深夜の法要をするんだ。手が込んでるといおうか、なんと言おうか江戸時代からずーとこうやって来たんだ。命がけの偽装だったんだね。例のかくれ切支丹退治の宗門改めね、あの証文を定期的に慶昌寺に出さなければならなかったんだから、オレの先祖たちが、そこの和尚さんを、かくし念仏のかくれ蓑に使ったわけなんだろう、偽装転向もいいとこだよ。（深夜の念仏申しは巻末に付す）

ところで、オレたちの掘米講中十七軒（あと一軒は今度、新加入）の由緒を尋ねると、二百二十年前、オレのムラの大工の助作が、水沢に手間賃とりにいって、教詮坊武七に教化されて一番弟子になったのが始まりだ。やがて水沢留守藩の弾圧を逃れて助作が教詮坊をおつれして、郷里に戻って組織したのが柧ノ木講中で、これから欠ノ下講中が生まれ、さらにこれから分裂したのがオレたちの掘米講中なんだ。この分裂のきっかけになった伯楽天皇とおトラばあさんの対立のことは、前に話したことがある、明治末年のことだ。その分裂の事情からいっても、我々の講中は、柧ノ木の助作直系のプライドをもっていて、血縁的にいっても、オレの家のひいジイさんは助作の血を引いているんだ。では柧ノ木講中の先はどこへ行くのか、というと水沢の渋谷地さまへ行く。現在の当主は及川忠雄さんといって、非常な篤農家で、職業的な宗教家なんかじゃまったくない、純然たる百姓、ここがかくし念仏のなんともいえずいいところで、信仰で飯を食おうなんてユメにも考えない。この及川さんが、大導師、大先生さまで秘仏クロポドゲはこの家に安置されている。

話をもとに戻して、どうして四年も導師がきまらなかったのかというと、適任者が多すぎたからだ。そういっちゃなんだけど、オレの講中はインテリが多くて、オレのまたイトコの徳志さんは、町役場の課長をしているけれど、『戦没農民兵士の手紙』（岩波新書）なんかの編纂に参加した文化人だし、その徳志さんのイトコの幸男さんは、商工会議所の一方の責任者でバリバリやっている人、それに中学の教頭をやってるオレの兄貴、この三人なら誰が導師になっても、他の講中に恥しくないといわれていた。だからこそ一人に絞るのが大変で、今度の決定にはおなごたちの意見が根強く作用したらしいね。バサマたちみたいに仏さまの会合（きゃいご）に始終でているひとの声が強く響くんだ。お経あげるのがうまくて、押し出しも立派で、これなら先生（しぇんしぇ）さまにふさわしい……とみんなの納得した一致がないとダメだ。相当、徹底した民主主義なんで、「民主主義」などという意識があるかどうか知らないけれど、結果としてそうなっている。ところが不思議なのは、村会議員なんかの選挙では、いわゆる「津軽選挙」みたいにメチャメチャに分裂して闘う。だからあれとこれとは、まったく別の精神作用が働くんだなあ。——こういう納得づくの平等な意見の取り纏め方は、萱屋根の葺替えの秋ぱ仲間（なかば）とおなじだ。だから、かくし念仏の講中の仕組みは、助作が秋ぱ仲間に学んで作ったのじゃないだろうか。秋ぱ仲間というのが、ちょうど、柧（は）ノ木、欠（かけ）ノ下、掘米（ほりごめ）の三つの講中を合わせたものと、そっくり同じなんだから、この点からみても、オレの想像は当たっていると思う。秋ぱ仲間については、前にしゃべったことがあるが、幹部というものがあるといえばある、ないといえばないような融通無碍な組織で、なによりの特徴はみんなが平等なことだ。その点、上と下のある普通のムラの秩序とは違って、もっと古い共同体の気分が残っている。いざ、屋根の葺替えというときは、参加したすべての人たち、つまり大の男でも、小さな女の子でも同じく、家を代表する一人前の労働力として同等に扱われる。それによくしたもので、小さな子にも、水くみとか、炊事とか、それなりの仕事がきっとあるんだ。

それでまあ、この三人の候補者が暗黙のうちにいて、その中からおのずとうちの兄貴が導師に選ばれたわけなんだが、兄貴としても感慨無量といったところだったろうね。オレと兄貴とは、タネが違うか畑が違うかなんて冷かされるほど、すべての点で正反対で、兄貴は中学四年で陸軍士官学校にパッと受かって、敗戦のとき航空士官学校にいた。オレのこどものころ、近くの御前淵(ごぜんぶち)に、崖の上から兄貴が見事なダイビングをするのを、オレは憧れをもって眺めていたのを今でも覚えているぐらいだから、まことにサッソーとした青年士官だったのに、敗戦の年、真っ青になって、ポーッと帰ってきた。それから百姓やってたんだが、独学で地質学や考古学を勉強してね。やがて新制中学に頼まれて教師になるころは、ナウマン象については、かなりの専門研究者になってしまった。東北大学からよく学者がオレの家へやってきて、発掘調査の打合せをしていたね。そんなことがきっかけなんだろうか、岩手県の理科の方の研究所に引き抜かれてその方面の専門家になっていった。その後、県教委の指導主事をしていたが、オヤジが死んで、オフクロ一人では大変だというんで、近くの中学の教師になって戻ってきたというわけで、兄貴は、もともと自然科学系統のひとなんだね。だから、ひところは、クロポドゲの信仰なんてどの程度、真剣に考えていたかどうか。弟といえど、兄貴の胸の中をぶちわって見たわけじゃないから、断言はできないが、まあ、その方面には関心が薄かったのじゃないかな。オレだって、キリスト教へ行っちゃったぐらいだもの。ところが、戦争は負けるし、その上、次々に兄貴は災難に会ったんだ。兄貴が家で百姓やってたとき、近くの新制中学の校長から、「せっかくの頭を勿体ないから、ムラのために一つ」なんて頼まれて中学の代用教員になった。ところが、これが不運の始まりで、肺病うつされて、死ぬ生きるの大病を五年間やった。おまけに女房は産褥熱で死ぬ、とてもきれいなひとだったけど。それから、こどもが二人死んだ。一人は、コタツの一酸化炭素中毒だった。だから、兄貴は、あっという間に、自分の肉親三人を失ってしまった。若くしてエライ目に会ったんだ。だから、なみの人間より仏さんに対して深く考えるようになった。宗教心が非常につよいんだ。士官学校出て、科学者で、クロポドゲの導師なんていうと、かなり奇妙な感じだけど、オレの兄貴についていえば、いかにも、かくし念仏に安心立命をもとめるのが当然であるという気が、オレはする。まあ、宮沢賢治と啄木を足して、薄めたようなところがあるよ。とにかく、弟の欲目かもしれないけれど、ソンな感じなんだ。

こうして、講中一同の気持がようやく一つに纏まったとき、次のような文書が、柧ノ木講中を通じ、というのは相伝導師たる柧ノ木の小原初夫を経由して、渋谷地さまに差し出されたのだ。もっとも、こうした書きものが行なわれるようになったのは、あまり昔からのことじゃないと思うが、参考のためにひき写しておこう。

導師相承願

相伝導師	和賀郡和賀町山口柧ノ木	小原初夫（註　小原助作の正系）
相承導師	和賀郡和賀町山口西川原田	高橋徳夫（註　オレの兄貴）
脇役（新願出）	和賀郡和賀町山口掘米	高橋幹男
同（同）	和賀郡和賀町山口中屋敷	高橋幸男
世話役（新願出）	同　東川原田	高橋美見
同（同）	同　瀬畑	小原徳志
現脇役	同　柏木	高橋稲男
同	同　南川原田	高橋正夫
世話役	同　中川原田	高橋　栄
同	同　西川原田	高橋幸治
同	同　掘米	高橋良幸
同	同　瀬畑	高橋忠之助
同	同　瀬畑	高橋ヨシ

右本講導師役取設在来の通り御法義相続仕奨励致度当講員は勿論隣講御導師方の協賛を得ましたに付き此の上は御掟堅相守り決して違背致させませんので御許下され度く此の段御願い申上げます

昭和五十一年九月二十七日

和賀郡和賀町山口柧ノ木

導師　小原初夫　㊞

胆沢郡大本家渋谷地

及川大導師殿

兄貴が導師になるについては、オレからも随分すすめた。兄貴も最初のうちは、「いや、オレはまだご文さまの読み方がたりない」、なんて尻ごみしていた。蓮如上人の御文章が、木版刷で一寸位の厚さもあって、導師ともなれば、これを暗誦していて、何丁目になんと書いてあると、即座にパッとひらけるようじゃなくてはいけないわけだ。でも、「それよりクロポドゲを宗教としていいと信じていることの方が肝心だ」とオレはいったんだ。オレもキリスト教へ行ったぐらいだから、かくし念仏も脱皮しなければいけないという気分もあるんだが、それ以上につよく、この信仰にすがって生きているオフクロはじめ講中の人たちの気持がよくわかる、その人たちのために役立ちたい……兄貴の気持もそんなところじゃないかなあ。

かくし念仏には、単に宗教の面だけからではおさえきれない、なんともいえないところがあってね、とにかく何もかも許して面倒みちゃう。ダメな男なら、ダメなりに助ける、警察につかまれば講中で話をつけてカンベンして貰うし、ぶち込まれれば差し入れに行ってやる、徹底的に面倒みちゃうんだから、抵抗しがたいところがある。それ以上やれる組織というのはないんだ。それでいて内部規律は寛容で、オレがキリスト教へ行ったときも排斥されなかった。今も講中に創価学会の人がいて、さかんに活動しているそうだが、他の人たちは、自分の信仰で充分間に合っているといって別に動揺もしていないようだし、如衆水入海一味、他の思想、宗教を非難するなという教えを守って、悠々としている。こういうところが、オレの性に合ってるんだろうな。

2

十月十日の御用開きの日、オレはもちろん東京から戻ってきて、渋谷地の大先生の接待役をした。昼すぎ、紋つきに威儀を正してバス停で待っていたら、大先生と副導師の小田嶋さんが、ひょこっと、バスから降りてきた。かねて、大先生が、クロポドゲを奉じて来ると聞いてたから、昔のようにお厨子をしょって来るのかと思っていたら、なんと、ゴム長はいたただの百姓のなりして、明治時代にはやったガマ口の恰好した大カバンを一つさげただけの、ごく、さりげない様子なんで、びっくりした。バスの他の乗客も、この人が、あのクロポドゲの大導師だなんて気がつくはずがない。ハハア、なるほど、ここが、かくし念仏の真骨頂なんだなあと気付いたのは、大分あとになってからで、オレの修業のまだ足りないところだ。大先生は、と見れば、野良仕事でまっ黒に日焼けしていて年はハッキリ判らないけれど、六十前後で、万事、静かに落ち着いているところが、オレなんかとは大分違う。でも、正直のところ、クロポドゲのお厨子が、カバンに入っているのには驚いたね。オレたちこどものころは、クロポドゲのお厨子をしょった人をまともに見たら目が潰れるといわれていてね、大変なおそろしいものだった。そうそう、クロポドゲのことを、御真影さまという。親鸞聖人のお姿ということだ。なにしろ、親鸞聖人のお姿を木像にして、これに、聖人のなきがらを焼いたときの灰を塗ったのでクロポドゲというんだから、講中にとってこれほど有難いものはない。小学校で拝まされた御真影——明治政府は、この言葉をどこから持ってきたんだろう——あの御真影より、こっちの御真影さまの方が、ずーと昔からのもので、この信仰があればこそ、二百年の弾圧に耐えてこれたんだ。飢饉と百姓一揆の二百年間、この土地にしがみついて生きなければならなかった百姓にとって、他にどんな頼るものがあっただろうか、そう思うと、ほんとに恐ろしい力が祈りこめられた仏さまだと思うね。

　さて、オレが大先生さまを家へ案内したが、大先生は、ゆっくり時間をかけて、道の周りの稲を全部見て来るわけだ。オレは東京で暮らしてるから、気がせかせかして足が速いじゃない、そのオレが閉口するくらいに、ゆったりと観察してたね。そして、オレの家へつくと、縁側から座敷に入って貰った。この場合は、玄関じゃなくて絶対に縁側を使う。ちょっと説明すると、家には出入口が表側に三つあって、普通の出入は戸の口からで、玄関は大ぶるまいのあるときだけあけて、ふだんは締めっぱなしだった。それに縁側が仏さん関係の出入口だったな。それと家から嫁に行くときも縁側からだった。そのときは仲人がオンブして出す、ありゃなんともいえない行事だな。角かくしした女を、おんぶして出すんだよ、華やかなうちにしんみりした風情があってね。

さて、話を戻して、大先生は、座敷へ通した。オレの方じゃ、一番最高の床の間つきの一間しか座敷といわない。オレの家の座敷は十五畳、京畳で十五畳というとかなり広い。そこに講中一同が集まって、話になったが、大先生は、仏さんの話を、まったくしなかったな。四時間以上の間、何一つ、全然、絶対に仏さんの話をしない、ただもう、ひたすらに稲の話なんだ。だから、よその人間がみたら篤農家の寄合いとなんら変わりないわけだ。

去年は東北の大冷害で、ウチなんか四分作だった、周りの農家も軒並みやられてしまった。ところが、みんなタマゲちゃったし、オレもタマゲたんだけれども、大先生の家だけ、ポカッと冷害じゃない。というのは、大先生は絶対に手植しかやらないんだよね。そう、田を作り、手で植えることしかやらない。百姓の話になって悪いけど、今度の冷害は、いわば機械の害、つまり、工害なんでね。機械植だと、苗代にゴジャーッと固まって生えてる、しかも小さな苗を、ムリヤリ引きはなして植えて行く。それもあのテレビのコマーシャルみたいにうまくはいかないんで、機械の調子によっては、ある株は二本、ある株は十本なんてやるからたまらない。オレの家なんか、その実例になっちゃった。

　手植の場合だと、その年の天候と苗の育ち具合、それに田の性質をすべてにらんで、ここは七本植え、ここは四本植えとか、きめ細かくやる。機械はソンナのと全然関係なく、バカチョン、バカチョンとやっちゃうから、育ちが悪いに決まってるんだよ。それから、大先生の話によると、幼穂形成期、イネの穂ができる時期に、コツがあるんだそうだ。これを知って実行すれば必ずイネのできがいい、と大先生がいうんだから、講中の百姓連中、思わず膝を乗り出してしまう。なんでも、幼穂形成期の三十六時間前だかに肥料をやるのが一番いい、イネはそのときにじゃんじゃん栄養分をとって、身になるのだそうだ。そこで、幼穂形成期を前もって予測しておいて、そこから逆算して肥料をやる。大導師先生は、さすが大したもんだ、そういうことをやっているわけだ。では、幼穂形成期は何時かということはね、なが年の経験によって、気候、地味を調べ、イネの様子を見て、あと何日と見抜くわけだから、これが一番むずかしい、そのためには……という具合に知恵を惜しまず与えるんだから、みんな参っちゃう、全身、耳にして聞いてしまうよ。あるんだかないんだか判らない極楽の話なんかよりは、全然、ききめがある。オレの家の田なんか、イネがチョキンと立っちゃって、全然、穂を垂れないでいるんだから、この話きいて、さーすが、と感動してしまった。

　大導師さまが、講中の家に来るなんて、めったにないことで、こっちから拝みに行くのが普通なんだが、おふくろの話によると、そのときだって、一切、余計な話はしないんだってね。「有難うございます。ナムアミダブツ、ナムアミダブツ」、ただそれだけ。それはそうだろうね、いまさら、教理だのなんだの講釈するようじゃ、仕方がない。この教えはもっと生活そのものに直結しているんだ。それに、やっぱり、二百年弾圧されてきたからなんだ。明治時代の布教者、からかさ売りの正蔵がつくった渋谷地くどきに言うじゃないか、

五つとせ、いよいよ広まる御内法、
月にむら雲、花に風、
邪義だ邪法だ異教だと、
あらゆる嫌疑をひきうけて、
お上のしらべとなりたもう、

昭和になってからも、警察や新聞に随分いじめられた。要するに、寄り集まって、何かワイセツなことをやっているんではなかろうか、とか、昔だったら百姓一揆の相談もやっていたわけだから、その言いつたえがずーと、取締りの筋や、新聞なんかの連中に残っていてね、邪教が何か企んでるという反射がすぐ出てくる。結局、江戸時代の盛岡の藩の連中が、士(さむらい)とか足軽とかが警察官になったんだから、取締まる側も、取締まられる側も以前と全く変わりがない、だから狙われるはずだ。それ

に新聞記者の意識もソレと同じで、すぐ「邪教」とかきたてる。敗戦後になると、「進歩的」な考えがワッと入って来て、今度は、クロポドゲをもう非常に暗い、どうしようもない、救われがたいものだ、という風に、もっぱら啓蒙しようとやって来るわけさ。この土地に何百年と生きている人間の側から、かくし念仏を考えようという人は、外部にはまったく有り得なかったんだから、講中としてはたまらないわけだ。もっとも森口多里先生だけはそうでなかったが。

さて、ひとしきり話がすすむと、我々みんなは座敷から追い出されて、いよいよ御用開きの秘儀が始まった。襖を締め切って、中にいるのは大先生と小田嶋さん、それに導師になるべきオレの兄貴と脇役になるはずの幸男さんと幹男さん。何時間も籠ってたけど、何やってるのか判らない、そこはかくし念仏だもの、ハハハ……。式が終わったあとで、オレが兄貴に、「なんだっけ」と聞いたら、「かだぢねじゃ、今先生さまにしてもらたばがりだずのに、くびにでもなったら講中皆様方に御迷惑がかかるし」といわれちゃった、急に人が変わったようになったわけだ。だから実は多少聞いたんだけど、言われない、そんなこと書いて出したら大変だよ。

ただ、そのときの話だけど、ウチの兄貴はね、大先生に対して、「私は頭わるくて、全部が全部はとても覚えられないから、テープレコーダーにとってもいいでしょうか」とお伺いを立てたんだそうだ。すると大先生は、「最近、非常によくないことがあった」と前置きして、次のように言ったそうだ。つまり、岩手県の下閉伊郡のある講中で、かくし念仏のやり方について、ことこまかに書きとめて、大変な記録を作ったと、まあ、その関係者は思ったんだな。こうした秘儀は滅びて行くから今のうちに記録しておかなくちゃあという民俗学的な意識も含めて記録したらしいんだ。導師の就任式とかオトリアゲとか、その他やるべきこと一切をまとめて書き物にしてね、そして、これはいいものが出来たというんで渋谷地さまのところへ、その知識人が、「これでいいものなんでしょうか」といってお見せ申した。すると大先生は、「ハイ、ちょっとお貸しください」といって、パッとその書きものを取って、見ている前で、火をつけて、ボーッと燃やしてしまって、かくし念仏の教えは、あくまで、口から耳へ伝えるようにと、つよくさとしたということだ。そして、この実例をひいて、大先生のいうには、「書くというのはよくない、しかしテープならこれは、口から耳へだからよろしい」というんだ。オレも驚いて、ホントか、というと、兄貴は、「いや、ホントだ、オレもびっくりしてしまった」というから、「これは、なにかふかーい哲学じゃながんべがな」とオレも言ったんだけどね。書いてメモしてもいけないのを、テープになんかとったら、余計ダメだろうと考えるのが、これが、今や東京者たるオレの意識の低さなんだよ、ただ、そのテープを文字に起こして知識としてだけ捉えるのがダメなんだ。口から耳へ、これが、今度、オレが御用開きに参加して、渋谷地の大先生から得た最大の収穫だったね。前にもしゃべった覚えがあるけれど、文字に書くようじゃ信仰は亡びる前兆なんだ。思うんだけど、本書きも、本読みも、文字というものを信じすぎているんだよ。

3

禊締め切っての秘儀がすむと、兄貴は導師になって、オトリアゲをする資格ができた。そこで、待ちかまえていたこども三人に、早速、オトリアゲをしてやった。なにしろ導師になりたてのホヤホヤだから、うちの兄貴だって、「なじょすべな、参えったな」なんて言ってたよ。オトリアゲの次第は、前にしゃべったことがあるから省略するが、今度の場合も、オレが受けたときとまったく同じだった。ただ、こどもたちが昔と違って可愛い洋服きている。母親たちが、もしおさがり(落第)になったら、どうしようと必死になって、締め切った禊の外で念仏あげているところは昔とソックリ同じだった。オレの弟は、これに落第したショックがいまだに残っていて、酔っぱらうと、「お前(め)は、オレがおさがりになったんで、バカにしてるんだろう」とからむんだ、四十になっているのにね。それだけ大事なオトリアゲだからもし、兄貴が導師としてしくじったら大変だと、おふくろはハラハラしたって、あとで言っていた。

それから、仏壇に、御真影(ごしんねん)さまを安置申し上げて、講中一同が教行信証をあげる。これは速ければはやいほどいいということになっていて、大先生なんかやたらにはやくて、オレにはとてもついて行けなかった。これは弾圧時代の名残りじゃないのかな。それに大先生の声が、よく枯れた大変にいい声なんで、あとの二十何人がかなわないくらいの迫力をもっていてね。日本の民謡から浪花節にいたるまで、ああいうよく枯れた声のよさが基本だけれど、兄貴があそこまで行くのはなかなか大変だろうね。このとき、オレは御真影(ごしんねん)さまを拝んだんだが、五寸位の黒い木彫で、木の地が判るくらいのうす塗り、国宝の親鸞画像に似た鋭い顔をしていた。信仰の心をもっておがむとそりゃあ独特の感銘がある。鎌倉時代の仏像彫刻というのは大変なものだったから、そばに寄ってよくおがめば美術家としてのオレの感じ方もあるだろうけど、オレは信者として拝んだのだから、それはいえない。実は、むかし、オレたちはネ、クロポドゲおがんだことになっているんだけど、見ると目つぶれるんだから、見たよな、見ないような、もう記憶としても見ないことにする方がいい、みんなそうだよな。「見たッ」って、いったって、もしも見たら自分は命ないんだから、見ちゃったけど見ないッ、と自分に言いきかせるような状態だったんだ。だから、

> 疑うな、危ぶむな、気づかえするな、尻込するな、偽(いつわり)云わんぞ、騙(だま)さんぞ、必ず助けてやるぞとある（六字のおいわれ）

という、あのクロポドゲが、今、オレの前に在るというのは、何ともいえない感じでね、そばにいた虎のじょう殿(どな)（屋号）のシノさんが、念仏の大合唱のなかで、たらたらっと涙流していたのを覚えてる、「ナンマンダ、ナンマンダ、ナンマンダアンス……」って。

ところで、最後に、お厨子の扉しめて下さい、といわれて、「拝み残したひと、いねが」って、家

中さわいで拝ませてさ、いよいよお厨子しめたとき、オレハッとしたものなあ。兄貴がスラッと立って素手で扉しめちゃったのさ。いやあ、びっくりしたなあ、ソンナことやったもんなら、昔なら、脇の下から火を噴いたなんていわれたものだ。昔は何かこう、直接に手がふれないように、きれかなんかでお厨子に触れたような気がしたものだけど、ちょうど、学校で、校長先生が白手袋はめていたようにね。おふくろも、ヒャーッとしたとあとで言ってた。

このあと宴会、これは陽気にやる。これはクロポドゲの方式というより、もっと古くから伝わった、いわば、オフクデンの方式なんだね。酒呑んでも、歌もうたわないし、踊りもしないのを、うちの方じゃツクリという。どんな偉大な、深遠なことを弁じてても、ツクっている、といってケナされちゃう。ツクルというのは、たとえば、こどもが、いつまでもあくどく泣くと、ツクリワラシというね、人が参っちゃうような状態にすることだ。このツクリのなかで、からんでどうしようもないのを、大ヅクリといってね、宴会のとりもち役として、オレが一番警戒しなきゃならないのはこれだ。それから、チュンカラメクというのがあってね、雀がチュンチュンはしゃいでいるような状態なんで、さしずめ、オレなんかは、えらいチュンカラメキなのさ。オレが酔っぱらって態度が悪かったりすると、おふくろが、「なに、チュンカラメって、へんがらめって!」とおこる。チュンカラメッテ、ヘラメクといえば、もう最低の状況なんで、もし他人にそんなこと言ったら、もう血が流れるほどのケンカになってしまう。妻子やしなってる男にそんなこと言ったら、そりゃ、救急車きちゃうだろうな。それで、——何の話してたっけ、そう、宴会の話だったね。

オレは、その席を、陽気に、ツクリにもチュンカラメキにもならずに盛上げていくいわば司会役で、これが、実に重要なんだ。一座がコの字形に居流れたその中央の、大導師さまと向き合って座を占めてね、あらゆる飲みもの、食物を全部毒見しなければならない役なわけ、進行をつかさどりながら、お毒見をする。吸いものでも酒でも、まずオレが箸をつけて死なないというのを確認してから、客にすすめるんだ。その場合、盃をかえると、それに毒が入っているかもしれない、だから盃をかえないで廻すわけ。正面のお客からはじまって、二つの盃で、両側にずーと廻って行き、端まで行ったら、オレのところへ帰ってくる、これを一献（いっこん）という。一献というのは少なくとも、オレの地方じゃそういう意味を昔からもっている。前の人が死なないから安心して飲めるという形式だ。近頃は献酬は不潔だなんていうけれど、それなりの由来があるんだよ。そしてオレは座配（ざへ）という役の、うちの分家の若いもんを使って、宴席の進行をとりしきるので、これで中々の大役だ。これを亭主役という。この際、実の亭主たる兄貴は別格で一切をオレにまかせて悠然として談笑していればいいというわけ。オレはオヤジの葬式をはじめ、こういう役を随分やらされた。

ところで、大先生は酒一滴も飲まない。ほんとに飲まないのやら、その日は飲まないのやら、かくし念仏だからワカラナイ、でも酒やけしてるような顔だったけどね。うちの講中は、渋谷地流の中でも、ちょっとマークされてるんだよ。ホラ、明治時代にトラブル起こした経歴もあるしさ。うちの兄貴は謹直な人だけど、弟は東京にいって絵かいたりしてるから、からんでくるかもしれない、なんて警戒されてたんじゃないかな。「アソコの三番目のオジは、東京などへ行って、ヒゲなどつくってて大したシナモノだから気いつけでごぜいや」という風に門送りされるわけだ。

盃が一巡して、一献がすんだところで、オレの一言「では無礼講でお願い致します」ということにして、オレは大先生にきいた、

「私は、東京さ行ってで、うちのこどもワガラナイで申し訳ありませんけれども、この渋谷地には講中が幾つくらいあるもんでしょうか」

すると、大先生はなんといったと思う、

「いや、ちょうど、いい塩梅の数ですよ」だって。いやあ、参えった、参えった、この答えの程の良さに参えった。さすが大導師さま。だから、かくし念仏の研究など、到底、完全には出来るものじゃないと思うよ。だからこそ、かくし念仏は亡びない。

亡びっこないよ、その一つの魅力は、秘密宗だということだ。人間は秘密から力を得てくるんだね、隠しに隠したその奥の奥に、「罪もさわりもそのままで、助けたまえる御手柄に、すがる思でござります」という御真影さまがいるんだなあ。

だからオレみたいにへらめくのはよくない、まったくよくない。だけどオレだって、大事なことはしゃべってないんだからよがんべ、大事なことは何も言ってないんだよ、実は——。

新東歌

縄をないながら

夜更けに、小便に行く、そのとき必ず、うまやの前を通らなければならない。小便はショベツモンにするばかりで、手など洗うところもない。体をよこにした。牛のゆっくりとした嚙み反し。外は雪が降り積む。とぎれない静かな暗闇がある。人が縄をなっている。

手縄をなう。べったりすわって、手を下からもみあげるようにして、上にのばす。三尺ばかり縄がのびる。尻の下から後の方へ行っているはじをひいて、またわらをついで、なう、いく夜もいく夜もくる日もくる日も何千ひろもない続ける。

雪が消えれば、それどころのさわぎではなくなるが、雪国の、どこの家にでもあった冬の姿だ。家を囲うヤドジの萱ならび、戸口につるしたわらのこも、雪だるまになって入ってくる人の雪をはらう草ぼうき、のき下につるされた何足ものツマゴ、タテワラツマゴ、シンベなどの雪ぐつ。これらがくる年もくる年もなんのかわりもなく、どうにもかわりようもなく見えていたころ。

みんなは、その運命にあきれはてているようでもなかったが、とにかく、話と歌が続くのだ、話というものは、どうしても仕事の手をやすめるものだ。だから、仕事のさきだちのひとは、歌の方をえらぶ。話はそういうわけで、一服つける囲炉裏（ひびど）のような、仕事をしなくてもいいところとか、こたつとか、もう寝る床の中でとか、飲み食いの座でひろがったし、同じことはまさかその日に二度は話せない。

ところが、歌ならば、同じことを何度歌っても、なんともないことだ。そこで、仕事もくりかえし、歌もまたくりかえしのリズムで調子をあわせる。そして、仕事の歌というのは、出来るだけ声をはりあげず、いつまでも歌える方がいい。だらだらと続くことはわるくないのだ。そんな中からふたつみつあげてみる。これはかくし念仏講中の高橋幸治おじいさんの口から出たものだが。

花はナハエこの世のヨ愛嬌（あえぎょ）のものヨ
俺らよなナハエものにもヨ香（か）を遣（よこ）すナエ

蟬のナハエ鳴ぐのはヨ日暮れはかぎりヨ
螢（ほだる）ナハエ可愛（かわえ）やヨ夜明けまでナエ

ひ泥田は山田の雪がとけて、一面に水がはられると、地面の底から、田にしが出てくる。あわてて出てきたかえるが、急にもどってくる寒波でこごえ死んでずいぶん死がらがいた。気の毒な白い腹を見ながら、田螺（つぶ）をひろい、四、五日泥をはかせてから、みそ汁で食う。これを春歌（むだきりうた）で、

春のナハエ初めのなあヨつぶ汁よかろヨ
尻（すり）をナハエつづえでヨ口（くず）を吸うナエ

里雪が消えて春はだちのころ、そちこちで、あねこむがさりがある。嫁入りのことだが、幸治翁など、若いころはこういう時の長持かつぎのベテランなわけであった。あまりくれてやるもののない家どうしの方がむしろ少なくない。そうなるとたんす長持も親類のどこそこのものをかりて、油単もどこかの似たような紋どころのかりものをかけてまにあわせ、むがさり歌はぜひとも景気よくやってもらわなければならない。

このときばかりは、道の辻々、渡る橋もぜんぶほめにほめて通るので、一般に知られている「つるとナかめとのオよ云々」ではまにあわない。そこで前にあげたようなものをそれぞれ作詞してためておき、あるいは即興（つかみあい）でやるわけだ。ひと邑の盛場（ばしょ）をすぎるときは、仕事の手をはなせず、見に出るに出られないでいる、長持かつぎの思う女へ、

歌ってナハエ通（と）るがらヨ文句で悟（さど）れヨ

さどりナハエ兼ねだらヨいろや見ろナエ

などと想い歌をなげてすぎて行くわけだが、こんなことを想像しながら、せっせと縄をなうわけで、半年の冬はまことに変哲にとぼしいものだった。だから、縄をないながらの場合は、同じ歌詞を、「南部牛追い唄」でやってみたり、「生内節」でやってみたり、「沢内甚句」でやったり、「目出た節」でやったりする。わら仕事は、隣ほとりの好きなどうしでやることが多く、

〽歌ってナハエ通るがらヨ——歌って通るがら——だな諸朋よッ。文句で悟れッだぞッ。

〽さどりナハエ兼ねだらヨウッ。さどり兼ねだらッ。いろや見ろナアエエとなあ諸朋らッ。

といった形が実際にはしばしばなわけで、話がずんと飛んでなんだけれども、四、五日前に、上野博正邸で大問題になった、古事記の歌謡で「木梨之軽ノ太、日継知ろしめすに定まれるを、未だ位に即きたまはざりしほどに、その同母軽ノ大郎ッ女に奸けて、歌よみしたまはしく、

足曳の、山田をつくり、山高み、下樋をわしせ……云々」という後挙歌の次の歌

笹葉に、打つや霰の、たしだしに、率寝てむ後は、人議ゆとも、愛しと、真寝し真寝てば、刈薦の、乱れば乱れ、真寝し真寝てば。

(古事記下巻の夷振の上歌)

このくりかえしの「真寝し真寝てば」などの心境がわかるような生活の脈搏はあったわけだ。古事記に載せられる以前に、すでに人々の口で何百回もとなえ熟(こなし)をされた言葉のように感ずるのだが。父なり、母なり、その上の年寄たちに聞いてもわからないような、問題や新事件などめったにないころ、くらしの脈動がもっていた、今のおれたちよりも更に図太くあかるいものの、あざないのくりかえしを、絵の用にと久々に、かますをほどいた、わらの手縄なう手に思った。

とりがなく

秋の朝早くのことだった。明り障子の骨が目立って、外が青く明るむころ、ばあさんと二人で、幼いものの耳には聞きなれない鳥の声を聴いた。天空を切り裂くような声で、西から夜明けの方角を目指して飛んで行く模様だった。もう三十五、六年も前のことだ。

カサコソと鳴る新しいわらのクズ蒲団の中で、ばあさんの胸ぐらにしっかりと抱きついて、気味の悪い鳴き声が次第次第に遠ざかり、消え去って行くのを待った。

「ああ、和賀の殿さまの御飼鳥(ごがいどり)だ。白鳥(はくじょう)だ。久(ひや)しぶりだ」

と、溜息ともつかない吐息が、おはぐろの口から白い。鉄漿(かね)の匂いは苦手だが、ばあさんの従弟のマタギの久造どのが、鉄砲で撃ってからこの方ふっつりと絶えていた白鳥が、東の川辺にあるスズ湧き沼に降りてくれるだろうかと、はじめはもの憂げに語り出す。

とりがなく――東(あずま)に掛るこの言葉、美しい夜明けやあずまの雅(みやび)なる心を思い起こさせたりもしては来たが、一方では鳥のさえずるがごとく何やら不可解なるわめき声をたてる東びと、という意も含められた西がたの都人からのいやしめもあるとか。

いきなりばあさんとの寝物語りから枕詞へ話が転んだが、繋がらなくもないのである。

それというのもわがふるさとは、昔からえらい目にばかり遭って来たところだ。

だい分旧くは坂上田村麿を迎え撃ち、前九年後三年の修羅の海、戦国の乱世には和賀という白鳥を飼っていた殿さまの小さな一藩であった。仙台領に南接し、南部氏は甲斐からの侵入者で北から狙う。秀吉と話をつけて、南部氏が攻略、ついに占領、手中に入れたのであった。今の岩手の和賀の地は戦乱と被支配の血涙しみる所であったといえる。

それかあらぬか、皆一刹那の喜びを歌と踊りと酒とで味わう術を知る民の地なのだ。私の心中もそれに満ち満ちている。

天竺から　岩がくずれかかるとも
心静かに　遊べ友達　遊べ友達

(和賀谷内の鹿踊(しし)のうた　森口多里氏より)

和賀氏岩崎城落城のときはこうだった。南部軍がすでに城を囲んだが堀が深くてせめられぬ、ところがその水を断つ取り入れ口の水守の夫婦に南部方の間者が取り入って閉ざしてしまった。夜が更け行くにつれて水かさがへる。城内に籠る人びとは驚いた。これでは敵軍が入って来る。水がなくなって飛び去る白鳥で察知せられてはと、鳥たちを留める算段になけ無しの白米を堀にまいて幾分は持ちこたえたという、しかし、これも夜が明けるにおよんで効なく、敵の火矢はすでに城を炎の中におし包んで行く。

その時殿さまは秋田の方から輿入れされていた奥方さまを共に討死させるに忍びないと、屈強の若武者一人を付けて、奥羽山中目ざして落ちのびさせた。

北上川の大支流和賀川のほとり、山口村の田代の辺までたどり着いたとき前は渦巻く深い淵、後からは追手のせまる気配、最早これまでと死を覚悟の妃さまは淵に身を投ずることになされた。しかし従臣の若武者には忠を厚く労らい、その上申すよう「そなたのような若い命を共に散らすに忍びぬこと、ひとりで生き永らえなされ、これまでの御礼に、何とも差し与える物とて無い故に、私の体を抱きなされ」

との言葉に若武者は仰天、再三御ことわり申し上げたが、たっての御言葉ひるがえす様子も知れず、これを否みかねたのだが、主従の身でもあり、秋田美人の花の御顔をまともに上から見おろしての御まぐわいに心ぐるしい限りと、近くの香わしい朴(ほう)の一葉を採り、目二つあけ、面に覆って有終の美を飾るや、森を駆けぬける敵の鬨の声をあとに、御前さまは裳すそを翻して淵深々と入水して果てたのだという。

それよりここは御前淵というならわしとなっていた。

それから幾百星霜、冬過ぎて鶯の鳴くある日、淵のそばの田代の家の男が、水底をのぞむ大断崖の中腹に今を盛りと咲きほこる桜の木を見つけた。このひとは花などに心ひかれず、ただこの木を切って、きうりか二度まめのつるにそえる手柴にでもしようと無理矢理崖によじ登り、桜の木にたどり着いて、腰から鉈をぬき出して、はっしとばかりに振り下すと、不思議や、固く握っていた手から鉈はほろりとはずれ、見る見る水底深く沈んで行く。村に二つとない切れ味の名器をむざむざ失くしてたまるかと、鉈のあとを追って男も渦巻く淵にざんぶと飛び込んだ。

幾十尋（ひろ）潜ったものか、これは如何に、あたり静まりかえったその奥より、機を織る妙なる音がもれて来る。音をあてに岩屋のかげにたどり寄れば、目眩い佳人が杼（ひ）のあそびも軽やかに絹を織りなしている。くだんの鉈をたずねる男に、愁眉をふりむけて答えるには、岩崎城落城の折よりこの方、ここに身を沈め、水底から眺める唯ひとつの楽しみは、あの花咲くつかの間の春日であったものを、よくも切らんとなされたことよ、それ故にあえて鉈をそちらから奪ったものと、恨みごとをのべて許されないままに何年も男は水底暮らしとなる。

その後日談がまた不思議なのであるが紙数も尽きたところへもって来て、私は東都の城北の地に住んでいるが、今めずらしく近所王子の一番鶏が聞こえる。

ひとこと、――この男は安倍宗任の子孫である菱内さまの分家のひとで、私はその分家の分家の三男（おんず）である。

御前淵にもぐった男は、山口田代の中屋の者で、現し世にもどるきわに、御前様から、世になき珍宝を三つもらってきたと聞いている。それは苔に花が咲き実のなる「こけ梅」、寒冷の和賀には考えられない、年に三度実のなる「三度栗」、あとひとつはちょっとわすれてしまったが、これが今に至るまでも田代に生えておるのだ。

ところが、最近おれの兄貴のところへ、中屋の息子さんが、至極大事なものを鑑定してもらいたいと持って来た。それは先祖代々にわたって、秘宝とされている焼物の鉢であったというが、なんと、例の御前様からもらって来た宝物は四つあって、それが実をいうとこのやきものであると。さていかなる種類のやきものなのかと。兄貴は今遠野で中学校の校長をやっている。だいたいこういう地位におると、われわれの方じゃなんでも屋的な風格をおびてくるので、本来石の研究家であるけれどもやきものぐらい鑑れぬことはなかろう、それに秘宝ともなればやたらによその筋の者に公開はまかりならぬものなので、分家筋のわがやへ相談に来たわけである。兄貴は、

「今すぐ中屋へ自転車で行って見せてもらって来てはどうだ」

とすすめてくれたが、ふつかよいで頭がぐらぐらしておったし、おれは楽焼をたしなんでいる程度の眼しかないから遠慮におよんだ。

新東歌

はる　雪はまだらに土みえて馬肥(こえ)出すひとの出す声は、厩の中にかん高く、かけ声はする。笑い声はする。おはつが、こしらえごとこき混ぜて、春の田植踊(たうえ)のかさこしの夜のよばいの、色づいたあの男はさ、背のえりに篠笛(ふえ)さしたる藍染のきものに、白ゆき小吹雪(こふぶ)く。堅ゆきの原渡りながら、杜(もり)すぎる近道をゆく、吹くは、

　ままねうた
かどふにたちたるさんさソラ
ゆ巴(わへ)の松(まつん)やえ
ソラかゝるさんさ志ら由き
さんにょやえソラ
みなこがねやえソラ

馬肥(こえ)たぐり、一年の流れはさかさに、さかのぼる。冬分はわらばり、秋はかたいかやの茎しもの萩足もとに今あらわれ、黒ぐろと丈のりこえたあのがぐま。わらびのほだは足もとより人の血をねらい

続ける。またわらあらわれて、去年の今に行きあたる。

大かぎを馬肥にくわせて、たくり上げ息はずませてより、ひといきのあいまに、赤子産すあのせずなさに男など、どっと蹴り、二度とふたたびあたな目に、わらのねどこのこれきりと、しらをきめるも心のみ、さわらるゝ身は春の夜のあわ雪とばかり解けはてる。

なつ　真ひるの後架はほのぐらい。まるお祖母の手の強ごわと、子供は抱かれ両足を溜の上に浮きひろげ、わださる溜板下をみおろせば、まわりになれた目の下に、あや何千何万のうじよ、その海に浮き沈みするうじよ「チッ」と一声なく音に角見る。ならぐの中にあやまりおちた大ねずみ、身はくそまみれ、毛はしこばり、今はのきわのさかび声——未だに、口をとがらせて、強くほそめてこれを閉じ、あごに力をこめ、外気を吸えば、そのねずみの叫びわが耳にある。

ぎらぎらぎらと空やきつく、野畑ののぶぐの土は黒く舞い立つ、麻布の荒目の肌衣汗と土にまみれて、汗泥はかぶる笠のあご紐つたう。したたりおちる。背にさしかざす牛いたどりの葉しげる枝ゆさゆさゆさ。

じぎ桶を左に、右手にじぎをすくい、あの太腕をふりおろし、したたかに畑をたたく。大桶に糞を尿でゆるめ、わらあくを黒くまぜ、種をぶちこんで、じきまきに、ねずみを食ったうじめら、ともどもにたたきつけられ、尾長くひきずり白い体をあてもなくひきずる。ひきずる。

世の中はくそつぼのうじ、とんずほぐれつもつれあう。

人の世はにえぐりかえるあずぎ団子。

土をかけ、仕事はおわり、一雨ふれば、うねうねより、あのうじめらの、化身は緑に芽る。


あき　こよい来るはずの源太や、十三夜の月よ、曇れ、吹きおろす羽黒山風、鈴鴨の川面伝い、松虫の声もわが身のせつなさに、何時そなだくるてや、くるし、心や。

縁側の雨戸袋のその上の、杭にかけだる葛の葉や、西ひらきなおおゝう萩の葉束や、風にゆらげば、源太の身つつむインバネス、およしなかばものぐるい。

およしとて、昼は、おと坂の七曲り、胸つく道を人肥負うて、野には働くみなれども、娘ざかりに習い見た、南部のごぜの歌にのぼせ、三筋の糸を夜はひく。

よしゃれ茶屋の嬶花染のたすきさんよ
肩にかからねで気にかかるさんよ

源太の、あの山うがち、この村に水を通す投企は、うちやぶれ、かまどかえし、松前に身をしりぞけて、やりなおすと、その男気に、旅に出て、いつかえるあてもなく、たよりもはてたわが夫の新次など一ときわすれ、こがす身のこよいのおよし。

ふゆ　梅蔵の弟子吉助のきざんだいたやの大ごたつ、裂きおりのこたつがけ、そちこちにみるわが生のすぎにし涙にぬらしたる着ものを裂いてそれぞれの思いをこめし機模様。

ここにはぎひこは、ぬるいこたつに片身の中気のしびれいたみ来て、左のあしに巻つける毛織のぼろを整えて、寒さをこらえしのぐ気で着物の帯をほぐしはじめる。女学校より帰ったサダもいて、明治の二十六年に夫の市太に召集来て、国のためだと連でがれだ嫁に来たのは十六歳、市太はその時十七歳、共々田畑に仕事して、人の世の春知りそめて、これからというその矢先、とられて夫は日清の覚えも知らぬ一兵卒、赤い毛布に身をくるみ、舟場をこえて去った夜、市太の母は座敷にて、息子が脱いて行ったものを、あや、まだぬくもりがあるよだと、三日三夜さわり続けて泣きはらす。嫁の身われはその様を五分ばかりある戸のすきに、歯くいしばり声をころしてのぞきみたのも、遠い昔にこの家に起きた話と語りつつ、市太は台湾で戦病死、続く舎弟の徳太まで日露のつゆと戦死て、西根の山の西在郷にただ一軒の不幸の家。われら二人の花嫁は一時に曾祖父に舅犯嫁れ、共に子供を孕んでは、ほうずきの根の毒使う、修験の女にまびかすも、身も心もよわりはて、ついに命とかえられず、共々舅の子を産して、この世に生きる修羅の家。

ひもじい思いの恐ろしさ、野山の草木その根まで、壁にぬられたわらまでも、食って食いつくし命はよみにくだるとも、

みな聞け、

七度(しちど)の餓死(がし)にあうたて、一度(えちど)の戦(えくさ)にあうな。


勝栄は比島の土に死(な)り、五軒かまどの誰ひとり、戦にとられぬ人はない。

みろ、今この女(おれ)は、我が肌の奥さらけ出す。にぐい戦の元凶(もと)はだれだ、だれだ。

(二人のこども) テノヘカだ、テノヘカのために死ぬのだ。国のためだ。東洋平和のためなのだ。

特高(とっこ)来るやめろ、やめろう。こどもの声も耳になく、七十歳、中気の体で仁王立ち、帯しり裸にほどきすてで戸開け放ち、のろいの眼には涙して、宮城の方をにらみつけ、
テノヘカ。汝(んが)おれの市太とったなっ。

テノヘカ。へへカッ。へへでもくらえっ。


おはぐろの口かっと開け、身をのめらせる板畳。山鳴りながら大風は玉雪まじりどうと吹きこむ。

念仏申（も）し

註　小田島八重子筆記のひらがな書きのものを高橋カトコの歌と照合しながら阿伊染徳美が漢字まじりに書いた。一九七二年六月七日高橋栄一の葬式の夜は、高橋カトコの「おどあげにより」一、四、二、八、六、七、十一、十、九、十二、十三の順に申され、三、五は略。一般に一ではじまり十三でおわり順序は任意。

一　光明遍照、十方世界念仏、衆生摂取不舎、至心帰命阿弥陀

二　阿字十方三千仏、弥字（みづ）一切諸菩薩、陀字八万諸聖ぎょうかいぜ阿弥陀

三　仏にあげおく香はな、良く見れば、極楽浄土の蓮池の、蓮の蓮華にうたがいなし

四　浄土より、我呼ぶ声は三度する、大悲の声か弥陀の御声か、南無阿弥陀仏

*ナムアミダブツナムアミダ（五回）ナムアミダブツナムマイダ（一回）ナムマイダブツナムマイダ（六回）

五　南無一大悲阿弥陀釈迦如来、南無ぶっどうに、阿弥陀おんえのこの掛図、掛置く見れば、御恩極楽、十方浄土にうだがえなし

六　あかつきこうやに西見れば、弥陀は弘誓の舟にのり、やてんやてんの波たてて、摩訶般若の風

吹けば、法華経八巻ほにあけて、観音勢至が櫓をこげば、地蔵菩薩はかじをとる
極楽浄土にうたがいなし

七　おやねんするともがら、ぜんだいごしょうのよき人は、その時、雨降らで、風たたで、十方おだやか花ふりて、弥陀の浄土にすぐすぐおもむく弥陀観世音菩薩、南無阿弥陀

*印　名号くりかえし

八　一不動、二釈迦、三文殊、四普賢、五地蔵、六弥勒、七薬師、八観音、九勢至、十阿弥陀、阿閦大日、虚空蔵、南無十三仏かいりょうまんぞく

*印　名号くりかえし

九　日月落ちたる夢の告げ、世界は常夜の闇となる、二月十五の雲はれて、天より無明のはなふりて、しょうてんかんげの音楽は、三千世界にひびくなり、百せんだんの立つ煙、忉利天まで薫じけり

十　南無西方しもくあるなら、念仏申せやこくどう世界のためなるに、かどか山にてうちくらべ、冥土の前の川は、さかさ川なり、出でてみれば涙流れる、めう阿弥陀、冥土の水は大山東造り、そね水西は晴山、南無阿弥陀

*印　名号くりかえし

十一　東は薬師南は観音西は西方弥陀如来、北は北方釈迦牟尼如来、中央と、大日如来、御恩極楽、

十方浄土に、うだがえなし

十二　朝の太鼓を打てば鳴るやら、閼伽や閼伽水ふきつかなり、一つのつかはおうやしんぎょうたかたのおおやまじぞう菩薩、ごめえししょうづき、即身成仏うたがえなし、

十三　願以此功徳平等施一済度、発菩提心、往生安楽国

南無阿弥陀仏　南無阿弥陀仏　南無阿弥陀仏

ぉざっこ物語（初の晩のはなし）

馬太傳より

山の奥のおぐさ、名も知らえでねむらはあったたずおん。

このむらの人たぢは、千人居で、みなしてむづましくて、ましてひとなどあやめるなんどは、それこそだあれも知らねがったたどや。食えものは、「ぉ」どゆう魚を、嶽の焼石で焼えで食って、あどは嶽のひらの山菜を食い、草さなる、みつぱのぼんぼ、木さなる桜実、あぎびに野葡萄、てんぽなし。冬場は「ぉ」の干物にぜんまい、わらび、栗、栃、椎実のほした粉を、これは生木を焼だ灰汁でさらして食ってる。着物は、刺草のいどで織って着てらたずおん。

麻もかみそも知らなくて、あえこの糸は草木染、茜（あかね）、檗（にがぬぎ）、藍（あえ）で染めで着飾る。はぎものは、科皮（まんだか）で、わらじ、ぞうり、つまごにしんべなどを作ってはぐ。木ど萓で家（え）建（だて）で、萓敷（すげすえ）で寝る。むらの中（なが）流れる川さ「ゐ」は居（え）る。「ゐ」はゆったりどおよぐ魚（ざっこ）、みな手づかみでとる。あおものはやわぐ手折（たお）りやすえ。木実（このみ）は熟（あがるん）でじねんと地（つづ）さおぢる。

むら人はみな遊好（あすびず）ぎで、春は長（なが）ひるの陽光に、茅黒穂（こまのまら）もて面（つら）さ隈取（くわぎ）、草原（くさぱら）で巫山戯（じれあすび）、秋（あぎ）は月の光で踊りつぐす。つかれれば、親は子を抱ぎ、年よりは孫をひきよせ、青壮男女（わかひたずみな）は抱きつ抱がえつ。寝る。月かたぶぎ、やしろの、相生（あえおえ）の神様杉は、静寂（すずま）の中さ、さぎわえの枝交す空を、鼯鼠（ばんどり）はなめらがにとぶ。

「あ」は育つあえ間に名変る。雄あを か どゆう。雌あも さ どゆう。春、腹の脇さ赤筋一つ入ったものを は どゆう。あは子を胎にもったのを な どむら人はゆう。なは産た卵を は どゆう。は の孵ったのを ま どゆう。稚魚を ま どゆうども、雄のまを や どゆう。雌のまを ね どゆう。あの死んだのを す どむら人だちはゆう。まだ か の焼魚をばが どゆう。さ の焼だのを ざ どゆう。た は盛つえだ あだども、これを焼だのを だ どゆう。卵を焼だのを ば どゆう。この魚はあんまり旨もんだがらたて、食えすぎだ人はその身は蛇になるし、えづまでも死なぐなるがら、他国の人は にんかんどゆう。

空さそびゆる嶽はよ、焼石ど湯を吹き、秋の彼岸の中日には、神様は頂さ降りたまいて、むら人のみんなど、共ども語るその時に、五百一匹の がど、五百一匹の ざ どを まんず、神様の前さ ささげ申す。神様は がど ざ どを一匹づりとって、天の親神様さ、ささげ申す。千二匹の ゐ はこうしていだだぐ。神様はささげものをさげでささの葉の上さおぎ、が 半身を食えば、ひとみなも同じぐ、半身づり食い、神様 ざ 半身を食えば、ひとみな ざ 半身づりを食う。神楽人は篠笛の吹ぎ口さ、口に含めだ濁酒をばっと吹ぎかげ音色をととのえ、手びらがねど太鼓さ合せで、千代の御神楽舞えつあすびつ。そのあど一時のしずがさは霊峯さ来る。

えぎなり稲妻(えなづま)ば空に走り、秋の雷様(らさま)鳴り、火猫(ひねご)は地(つつ)に落ぢで茜ヶ原(あがねがはら)、橡林(だえだえばやし)、檗平(きはだだえら)、御駒ヶ嶽(おごまがだげ)、青杜(あおもり)、藍沢(あえざわ)、紫野(むらさぎの)さ、雨降(あめあふ)りしぎり、三界無明常夜(さんがえむめようのじようや)をおがむ。神様の一声(ごえ)あり、雨止(おだ)み、あだり明(あが)るめば、水は七谷に鳴り、七色に中の川を流れで、川さ七巾の流れをことる。川の水は雨上る空さ昇りて、虹(にず)どかがる。焼石御嶽(やげえすおんたげ)ど、御駒ヶ嶽(おごまがだけ)どさ架げ渡る虹大橋(にすおおはし)を、神様お先ぎ立ぢにて渡り申し、むら人(ひと)みなあどさ続ぐ。御駒ヶ嶽さお着(づ)ぎになれば、ふもどさ遊(あす)ぶ白(すろ)え馬一匹(まこえっぴぎ)お召しにならえで、天駆(あまかげ)げさせ給いて、雲の間(あだ)さお昇りになられる。そのあどこのむらの空さ、かがる虹(にず)は、まだの日神様来られるお契(ちぎり)の御(お)しるしだたどゆごどだたすおの。この続ぎは明日(あした)の晩(ばげ)、こんにゃはどんどはる。

生みおとされる【補遺1】

私は京大会館へくる前に、伏見へ行ってお稲荷さんにお参りし、その帰りは深草開吉町の鬼子母神さんにもお参りしてから来ました。最近はもし京都に来ればなるべくこのことをするようにしています。それというのもこれから話すことに関係する因縁があるように思えるからです。

家は人が入って住むところですが、昔はそこで人が生れ、育ち、大人になり、結婚し、その式も披露もここで行い、働き、休み、子供を作り、年老い、病気になり、死ぬ、葬式もそこでやり、さらに残ったものは死者の法事をやり供養もし、家の長く続く祭りもやります。これが私が生れ見てきた自分の家です。私の村ではこういう自分が生れた家を「家の家」と呼び、家よりも一段と強く意識しています。たとえば嫁に行っている人が家といえば、嫁ぎ先のことをいう。しかし、家の家といえば絶対に実家のことをいうわけです。

これは一方で非常に和と安堵を意味すると同時に、他が入りこめない心のかこいもあらわし、同じ名字を有する者でもこの同じ屋根の下で生れないものは別にされます。また一方血そのものがつながっていなくても、何かの事情で、この家の同じ屋根の下で生れたものは、共に家の家と誇らかにいえるのです。

私の生れた家は川原田家という一族なのですが、父がいつも自慢でいっていたことは、安倍宗任を祖とするんだぞということでした。私が伏見へ行っている理由は、家の問題ではありますが、嫁に来た母方のほうにあります。今年九十歳になる母が、かなりしっかりしている時に、ちょうど運よく聞いたことです。母は系図にうるさいことをいいながら、いつも自分自身の祖父の事情になると言葉がにごるのでした。それというのは自分の父に生れるときのわけがあったと、次のような話をしました。もう母のきょうだいもすべて死に、この話を知って、言い残す人は私に伝えるしかないというのでした。幕末期の間引き子殺しの一件です。

私の村は奥羽の山脈の中にある一寒村でした。そこにおイチというなかなかの美人がおりました。年ごろになって川向いの隣村へと嫁に行ったのですが、相手は医者でしかも伏見稲荷の宮司でもあったというのです。家事や野良仕事は誰にも負けないおイチなのでしたが、残念なことに目に一丁字もなく、教養はとてもこの医者の妻としてやっていける力がなかったのです。おイチは決心して実家にもどり、離婚となってしまいました。

ところがしばらくしてみると腹に、すでに子がいることがわかりました。これには実家の者もおどろきとほうにくれました。だが、当時としてはとにかく生み、それからあとは別に考えるのです。その方が体にさわらない。いろいろいかがわしくおろす方法もあったようですが、基本的に悪いことをした結果ではないわけです。しかし貧しい一家で、てなし子という将来がまちかまえていることも見えています。とにかく生みましたが、おイチの母と相談の上、泣くなく間引きをし、殺すことにきめたのです。

間引きといってもやたらに殺すのでなく、それにはやはりおきてがあったものです。まず生んだ子を庭の地の上におき、その上に大きな餅つきうすを伏せかぶせます。そして三目三晩おくとほとんどの子は死んでしまったのです。しかしその通りにし、三日目にうすをとり去ると、おイチと母はびっくりしました。子供は生きておりました。乳をやりますと飲み、そして目も開いたのです。

こういう場合はおきてとして、これは神よりのさずかり子であります。こんどは逆転して絶対に何がなんでも育てなければならないのです。結局その子を育てている間に、ある馬喰と知り合い、おイチは連れ子して育て上げました。その子は長じてその馬喰を父としてあがめ、血のつながる父親の、川向いの医者のところへは一生の間行かなかったといいます。義父に義理をたてたのでした。

生まれたばかりのとき、日本は大変動し、明治となりました。おイチは役場へ行き、明治という名前にしてくれとたのみました。役場の人はびっくりしてなだめすかし、梅治という名に登録しておきました。その後梅治は大工になり、たいへん腕のよいのを見こまれて、足尾銅山へ出かせぎに行き、古河市兵衛とむすこの虎之介に仕え、あの公害大事件を加害者側から見ました。明治時代日本のどこにもなかったころ、鉱石を運搬するのに電気機関車を使っていたと梅治は当時のおどろきを解説していたものです。

明治二十六年に、私のひいじいさんの兵次郎が梅治の腕を見込んで庄屋であった家を建てなおすことにしました。木造平屋は五間梁（はり）と、一家が誇りに思う大家です。大黒柱は大人でも手がまわらないほど太い栗の木です。これは昔からのやりかたにのっとったものです。私は三内丸山の栗の柱をここに思います。

私の父が二十になったとき、兵次郎は梅治の娘をのぞんで嫁にとりました。そして三番目に私が生まれたというわけです。

子供を生むということは嫁のもっとも大事なこととされていた時代です。実は私の母はまだ十三歳代で来てしまったのです。そして七年間も子供ができませんでした。約三年でできなければ追い出される時代ですからめずらしいことと思います。その生まれたときのありさまを、私はかなりくわしく母から聞いています。一九三五年のことです、普通初子は実家に帰って生みます。しかし私の場合は三男ですからいよいよ家の家での出産となりました。

母が産気ずくまで働いていました。いよいよせまったので一人は遠い隣村へ産婆さんを呼びに行きます。そしてもう一人は腰抱き女という人を呼びに行きます。産室をヒヤといいます。これは必ず家の乾（いぬい）の角部屋ときまっています。ここがもっとも神聖な部屋で、新しい夫婦の部屋でもあります。まわりは厚い壁にぬられ、魔物の入るのを守る。したがって窓も小さいのが一つ北側に数十センチ角ぐらいのものです。外の角地には必ず榎木が植えてあり、ここから神が伝わって降り、産室（ヒヤ）に入るわけです。

産屋の畳ははがし、むしろを敷き、その上に灰を多量にまく。その上にわらをしく、そしてござ、さらに布でおおう。その上に産人(さんと)が正座してすわる。産人のうしろにはよりかかれるように米俵をおく、三俵だったという。いよいよとなると、腰抱き女が産人の腰をだいてやり、はげまし、安心させたり、自分の経験を十分生かしつつリズムをとるのだ。だから、腰抱き女は産人の気に入った、だかれて気持ちのよい人でないといけないのです。

　私の場合は分家の高橋カネがやってくれた。カネは体も大きくたよりになり、村で人望も厚く、のちに村で愛国婦人会長にまでなった人、だいち私の家の家の人、つまり彼女もこの同じ部屋で生まれたのでした。これ以上の腰抱き女は望めなかった。村ですばらしい腰抱き女はスターになれたのです。

　へその緒をつぐ人はだれか、それは姑の責任です。私の場合はマルばあさまがやってくれました。遠くの産婆さんを待っているわけにはいかないのです。自分で植え自分でとっておいた最上級の麻を使う。子供や生みおわったあとの母の局所の消毒とあらいは裏のやぶに昔から植えてあるすいかずらを使う。これをせんじた液は何百年も前から傷をあらうのに使われてきている。これは男女の愛をあらわす霊草でもあります。

　東北の農村では姑は嫁いびりに専念するように思われているが、それは外部から見たものであって、もしこのように協力して生きて行かなかったら、子供など死んでしまうのです。こういういっさいの采配が村の嫁入り準備のかげにあったので、着物を縫うことなどは初歩的なことなのでした。以上のようにして私は生まれたのでした。

　子供が生まれて一年するとその子に餅を一升分負わせて歩かせる「孫抱き」の祝いもありま

した。このときは村の皆を呼び、女たちだけの客人です。男はいっさい座敷の席にはつくことがなりません。この日ばかりは女に仕え、料理を作ったりかたずけたりたいへんでした。

子供が生まれる話をもう少ししたいと思います。実は昔、岩手放送ラジオでこういう話をしたら、大きな反響が特に初老の人びとからあったことがあります。やはり、産屋外で皆で心配しながら待ち、元気な赤ん坊の声でどっと皆がわく姿、またその逆にあの何ともいえぬ潮の退くようなのどの奥からの音とともに、婆さんが息を引きとる音、こういう音にはじまり音におわるのを見た人、特に子供は何か深いものを学ぶのではないでしょうか。家はそのすべての場です。

さて生むときの体位について本当は考えてみたいのです。隣部落の小原洋さんの体験では産屋天井からロープをつるし、妻がそれにとりすがり体重をぶらさげるようにして生み落としたといっております。私が生まれる場合でも要するに地球重力を利用し、共に協調してリズムで生まれ落ちたのです。この生み落とすとか生まれ落ちたときよりという古くからの日本語が、昔の普遍の産み方をあらわしていると思うのです。

現在の日本ではほとんど病院で生むことが多くなり、家の産室はからっぽです。「産婆さんなんてまだいるの?」という言葉をよく聞きます。実は日本の敗戦と深い関係がこの問題にはあります。一九四五年以後日本に主としてアメリカの進駐章が来ました。当時のマッカーサー総司令官はパイプくわえて我々の神であった天皇と並んで写真をとり、天皇は人間となり、マッカーサーは神のごとくなりました。その時、アメリカは助産婦を自国でも廃する方向にあり、また実行しました。それを日本にも強要したのです。家分娩は封建的、非衛生的である。病院で産婦人科で生みなさいというわけです。

しかし、その当時、日本は戦地から帰ってきた若い男たちがふえ、したがって出産も激増し、アメリカのいうとうり病院だけではまにあいません。やむなく助産婦を残さざるを得ず、現在に至る。したがって助産婦の存在は近代主義、文化的なものにたちおくれた、アメリカ好みでないなさけないものとおとされたのが日本の戦後の大ざっぱな姿です。

だいたい日本では戦後そういうわけで医師の方が助産婦よりはるか上の地位にいるわけです。医師がとりあつかうのは普通病人かそれに近い人です。したがって出産も分娩台の上で病人のように行う。白色か何か病人の着るようなものを著る。ある場合不潔だからと女性の陰毛も剃ったりする。産婦はいいなりです。そういう医師の助手みたいなところに助産婦がおかれ、その下に看護婦がおかれたわけです。再度生む姿勢にもどると、さんざん病人のようにあつかわれ、横になって生みます。地球の引力との調和はのぞめず、ほんとうの自力だけで押し出すようにしなければなりませんから大へんなことになってしまいました。

私はイギリスに一九九〇年から住んでいて、実は妻がこの国で助産婦をやっている。彼女がこの国で助産学を学びライセンスをとったのです。その学ぶ過程を実は見てきましたが。この国の出産に対する考えは、現今の日本の病院出産にくらべると、はるかに私が生まれたときに近いのです。つまり腰抱き女の仕事をする人もいます。またたいてい夫がそれをやります。そして座ったり、立って中腰になったり、また水中で立って生んだりすらしていた。出産直前までは産人もらくに普段着のままで音楽など聞きながらすごしている。また病院にいても家にいても産人が主人であり他のものはすべて協力して助ける人である。この権利を昔から頑としてお産する女性も助産婦も医師にゆずりわたさなかったことは、英国人女性のほまれとしてよいと思います。

ひとつことわっておかなければならないのは、英国では普通の出産は完全に助産婦が主導権をにぎっていて、病院でも家でもいっさいただです。またなんと、いかなる女性でもたとえ不法入国者でも、一歩英国内で出産する人はいっさいただです。ほんとうに一ペニーも取られません。ただし異常の出産とか病気の場合は医師が行います。もちろんいかなるときもお金はかかりません。

英国でのお産はあらゆる努力をして、産婦が昔どうりの気らくな家でのお産を目ざします。これは家が一番安全で心やすまるところであることを意味しましょう。余談ですが、中国の家の字は宀の中に豚という最も大切なものを飼っていたからという語源説が有名です。私が生育った家では馬が同様にしていて、台所の隣りが馬屋でした。こういう場合は宀の中に馬がくるかもしれません。しかし一方、宀の下に暇というのが中にあり、それは屋根の下で心暇まる意だったともいいます。それが本来の家のように思われます。

後日談がある。母の出事の話の一件から数年たって、私と兄が横川目へ行って訪ね歩いたところ、川向いの高台に、渡辺家が代々別当をつとめる稲荷神社があった。「寛永時代より続く家柄で、今は改築しましたが、旧宅は歴代の医家で診察室がありました。」と当主が語られた。

紅骨記【補遺2】

雪野原遠く早千峰山(はやちねやま)が東にかすんでいる。和賀の川辺を白鳥が飛び去って行く。そのあとを追うように西峰(にしね)を見れば、目の前に深い雪にとざされた奥羽の山脈が輝いている。しばらくぶりの郷里、帰山という心持ちだ。

母はあと三週間はもつと医師がいった。

「明日(あした)は東京さ帰って個展のあと始末をしねばならねぇス」。病人にはもう反応はない。小さな画帳を出して枕辺の母の右手側から顔をかきはじめた。心なしか以前よりも、しわくちゃがへり童顔に感じられる。床のまわりには兄徳夫、妹マキ子とその下アサ子がいる。兄嫁の啓子は誰れよりも一生懸命介護してきてくれた。すべての子供らが母を囲む。

この建物、この部屋は高校生のころの私の部屋だった。京間十五畳はある。家は明治二十六年小田島梅蔵によって建てられた。大黒柱は大人の両手でまわらない栗材である。「生みおとされる」に書いたように、マビキの子殺しをまぬがれた男の子が大工の棟梁として成長した。

当主の兵次郎がその腕を見こんで建てまえをまかせた。その縁で、梅蔵の娘アイが十四歳で栄一の嫁となってきたのだった。自分の父が造った家で八十年間暮し、「死ぬときは病院ではなく、オドッアンの建てたこの家で死にたい」と願っていたので、我われ兄妹一同そうすることにしていたのだった。

夜の十時ごろ、もう少し正確に記すと二〇〇二年二月二十二日二十二時ごろ、私はもう死に目にあえないかもしれないと思いつつスケッチをはじめたのだった。母は子供のような顔でほほをふくらませ、風船の破れるように息を吹いたのち静まりかえった。やがて顔の色がうすれ、くちびるも白くなってゆく。

「母（かっ）ちゃ死んでるでねえか」

私は筆を止め、額に手を当てると、ぬくもりがある。兄が足を見るともう血の気はない。

「おわったな」と兄がいう。

「額（ひてこび）はまだぬくいぞ」と私は名残り惜しんだ。「電気毛布がついている」と兄嫁がいった。彼女が一番知りつくしている。コンセントをぬくと母の体はたちまちに冷えていった。

「おれが描いているうちに死んだのだか、全くわからなかったなあ」というと、

「おらはわがってだよ」とマキ子がいう。

「そうだよ、おらもとっくにわがってだ」とアサ子も続く。

「大川隆法さまの教えの力か？」と聞くと、

「アンチャなあ、紫の光をおらだは見たのよ」妹二人はいつのまにか「幸福の科学」に入って

いるんだという。

「サダ子さ電話だ」兄が分家に知らせると七十歳のサダ子さんは嫁さんを連れてかけつける。この嫁さんは熊本県出身の人で介護専門の看護婦さん、実は母は二十年ぐらい前、ＮＨＫの「ふるさとの歌」という短い番組で男の子を大型のたらいのようなエンジコに入れ、「ネンネコエー、カッカコエー」と歌っている東北の老婆として放映され、毎晩なかなか評判だった。あの幼い子の母がこの看護婦さんであり、そして男の子は今大学生だ。

この雪山に囲まれた里は、昔は岩手県和賀郡山口村として知られたところである。二百五十年前に「かくし念仏」が発展したところだ。当時は、官憲に追われるビンラディン氏のように逃げ、藩境を越えて来た指導者を八年間かくまった家の子孫が兵次郎なのだ。以来百姓一揆の母体とも幾度もなった秘密の組織でもある。

この一団については本書ですでに書いている。その中の葬礼の場面はちょうど三〇年前に亡くなった父のときの儀式を書いて、村人の姿を残したのだった。

母の葬礼も、我われ独特の仏の方法で行われようとしている。しかしあれから長い間この村をほとんどはなれ、イギリスにさえ十年間いて今ポーと帰ってきた私にはその動きになかなかついて行けないようだ。

葬礼のはこびは続々と集まってきた親類たちの協議によって、きびきびと決められて行く。

兄は喪主ではあるが、いやそれ故に儀式には参加できないおきてがある。親類とは本家あるいは分家の家人たちで、江戸時代あるいはいつのことやらわからぬころからの巻である。縁者は仏（母）の実家の方の直接の血縁の巻である。これ以外の人はいかに日常生活で親密であろうとも、あるいは会社の上司であろうとも正客として参加はゆるされない。正客が定まると「知らせ」（死の）の使いが出される。男子二名必ず一組で各家をまわる。親類の人びとの多くに食事など出さねばならないが、我われのように死体にふれてしまった人や妊娠している女性は食事の用意等いっさいゆるされない状態になるので、親類の方で米三升、「仏前」一万円とか「おみやげ」一万五千円などと書いた袋に入れてもってくる。また急場に汁やおかずも必要なので「お重三がさね内豆腐一重」など書いてもってくる。これは野菜や山菜にきのこ等でいっさい肉や魚は用いてはならない。旧来のままだ。

母の供養はおおむね次のように行われた。

二十二日身内によるお通夜、「教行信証」の勤行、「白骨さまの御文」朗読。
二十三日親類集合、勤行、「白骨さま」他、お通夜。
二十四日正客集合、勤行、「白骨さま」他、納棺、火葬、収骨、勤行。
二十五日友引きの日、行事なし、お通夜は身内のみ、勤行、「白骨さま」他。
二十六日九時より村人一般お焼香、一時より葬式曹洞宗慶昌寺坊様、会食。
　六時より村人による勤行、「白骨さま」、念仏申し音頭は村人、会食。

二十七日寺へ仏（ほとけ）送り、曹洞宗の坊さんによる。埋葬の儀墓地で、会食。
二十八日墓地で供養、勤行。

葬儀は昼は寺の坊さんによる。しかし夜は村人自身で念仏申しを行い、式をやりなおすのである。これがわれわれの特徴である。このとき何回も行われる勤行は浄土信宗『教行信証』で小一時間は正座していなければならない。「白骨さま」は蓮如上人の御文章さま、つまり手紙『五帖御文章』五帖目第十六通で、非常に有名だ。

「白骨の章」

夫（それ）人間の浮生なる相をつらつら観ずるに、おほよそはかなきものは、この世の始中終まぼろしのごとくなる一期なり。さればいまだ万歳（まんざい）の人身（にんじん）をうけたりという事をきかず、一生すぎやすし。いまにいたりてたれか百年の形体をたもつべきや。我やさき人やさき、けふともしらず、あすともしらず、をくれさきだつ人はもとのしづく、すえの露よりもしげしといへり。されば朝（あした）には紅顔ありて夕べには白骨となれる身なり。すでに無常の風きたりぬれば、すなわちふたつのまなこたちまちにとぢ、ひとつのいきながく絶えぬれば、紅顔むなしく変じて桃李のよそほひをうしなひぬるときは、六親眷属あつまりてなげきかなしめども、更にその甲斐あるべからず。さてしもあるべき事ならねばとて、野外にをくりて夜半（よわ）のけぶりとなしはてぬれば、ただ白骨のみぞのこれり。あわれといふも中々をろかなり。されば人間のはかなき事は老少不定のさかひなれば、たれの人もはやく後生の一大事を心にかけて、阿弥陀仏をふかくたのみまいらせて、念仏まうすべきものなり。あなかしこ　あなかしこ。

村人でこれを知らない者はないだろう。すべて職業的お坊さんぬきで行われ勤行も村の講中の導師役によって行われる。母の場合は分家の功さんによって行われてゆくのだ。

居間では八十歳をすぎた古老高橋幸男さんがいて、高橋仙松さんと話しをしていた。

私は長い間の無沙汰をわびお茶を入れた。彼らは昔青年団で父の教え子であった。軍隊の話しをしていた。第八師団の盛岡の騎兵隊にはこちらの信一おじさんの後輩に田中角栄がいたんだという。幸男さんと仙松さんは弘前の方の三十一連隊にとられたという。

幸男さんは非常に優秀な算数能力を発見され、中国にまわされて関東軍の暗号隊に入れられた。そこではあまりにきびしい訓練と勤務で時には血の小便すら出た。敗戦時にはこの秘密をばらすと命がないといわれ、何十年間も口にしたことはないと語った。高い位で楽した職業軍人らが年金をもらっているのに彼らは何ももらっていないと怒っている。

仙松さんはやはり関東軍に入れられ、朝鮮の平壌にまわされた。後にフィリピンに移動敗走の日々だった。いかだで七日間も水上を逃げ、手榴弾で魚をとり命を保ったりもしたが、それ以外はるいるいと横たわる戦友の屍をのりこえ、ねずみを食ったりトカゲを食ったりしたが、ついにミンダナオでフィリピン軍に捕まり、刑務所に入れられ覚悟をきめていたが、米軍の収容所にまわされてからはその残飯で大変助かったといっている。二人はいう。

「日本はともかく絶対に同じことをくりかえしてはならない。今の若い政治家はあぶない」

棺は桐の板で、打ち釘は金色だった。母は花にうずめられていった。焼場に着いて拝み、一時間ほどでもう骨が出される。焼場の職員はてぎわよく、そつなく事をはこんで行く。

「皆さまお体の調子のよくない方は必ず、お骨収納はご遠慮下さいませ」という。

近ごろは老人の死にあたり、その友人らが参加し、焼き上がった熱気のある骨を見てショックをうけ、倒れて大事に至る例が多いという。

母の骨は小柄だったので多くはなかった。それにしてもなんと美しい紅色だろうか。頭部をのぞいて白い部分はほとんどない。「これは薬をのみすぎて骨が染まったのです」と誰かが静かに云った。「白骨の御文（ごぶん）さまではなく、紅骨の御文さまだな」と私は妹につぶやいた。

特に変わったことは一つあった。それは何百年間も続いてきた「穴ほり仲間（なかば）」というものを、村人青年たちが解散したという。埋葬のための穴を掘る結（ゆい）の一団で、かくし念仏より古い。幸男さんは解散しないように主張したがだめだったそうだ。これは血縁によらない貴重な団結だった。

親類の集合の日からずっと見なれぬ若者がいてきびきび働いていた。一同が引きとり、彼家全体を見まわし、自分も帰ろうとし、そして、この青年は五十八歳になる私の妹に対して「お灯明、お線香を断やさないように」と申しつけた。妹はうなづいた。

「あれはどなただ」と私が聞いた。

「御本家の成仁（なるひと）さまだよ」と妹はいった。

あの青年たちが明日（あす）の「かくし念仏」を続けて行くのだなと思いながら郷里を離れた。

雪ぐつ(たてわらつまで)
宮沢賢治の「雪渡り」より。
阿伊染作　銅版画

【跋文】

信仰の底にあるもの

鶴見俊輔

仏教の宗派はたくさんあるのですが、その中にはキリスト教のあいだにかくれキリシタンがあったと同じようにかくれ仏教の宗派もまたありました。私が聞き知った例では阿伊染徳美という人の書いた『わがかくし念仏』という本がありますが、この人は自分の育ったかくし念仏の仲間の言い伝えや儀式を書いています。それは岩手県の山の中にある和賀という村に伝えられた黒仏という流派です。その部落のかくし念仏の信者のあいだでは、愛情の共同性というものがあって、たとえば米国のヴァーモンド州のオネイダに共同体がありまして、これは一〇〇年前に共同の愛という習慣をもっていたところで、ハヴェロック・エリスの『性の心理学』などでも早くから紹介されているものですけれども、それと同じような慣習が和賀にもあったそうです。

この黒仏の信仰のもともとは、二〇〇年ほど前に政府公認の仏教の宗派から迫害されて潜伏状態に入った流派から起こったもので、山の中の共同体の中に逃げ込んだ坊さんを助けてここに信仰の共同体ができまして、この信仰を通してここには助け合いの習慣がもともとあったのでしょうが、その結びつきがさらにつよくなったのです。この強い共同性の信仰をもって、この和賀の信者たちは何度もの飢饉を通り抜け、また戦争をも通り抜けていきます。この間に彼らはお役人に対して自分たちの信仰を打ちあけないという姿勢を、ずっと保ってきました。徳川時代においても、明治以後の新政府に対しても、そうだったようです。

阿伊染徳美氏の言うところに従いますと、明治時代に入ってから内乱が何度か、そしてそのあと外国との大きな戦争が二度起こるのですけれども、そのためにたくさんの兵隊がこの村からもとられて戦死者が出るので、後家さんになった人や孤児になった人がたくさん出ます。後家さんに対してもいっしょになるということ、それが公然と助け合いという形で行われているし、孤児に対する援助もされてきたそうです。これは戦争をこの村に強いた政府に対する不信の念とともに、言い伝えられてきたものです。戦争を美化するということはこの信仰によってなされず、飢饉よりもっとひどいものとして戦争をとらえる伝承が、ここでは仏教信仰とともに伝えられてきました。このかくれ仏教の共同体から離れて、大都会での公認の仏教の流派では、つねに戦争が仏教をとおして賛美されて政府への協力だけが言い継がれてきたわけですから、和賀という山村の共同体に残った信仰は、異例のものだったと言えます。

ここでは、戦中も戦後も、外の人たち、つまり中央とつながっている学校制度とか軍隊の制度とか、官許のお寺、仏教の制度などにはけっして知らせない仕方でひっそりと宗教の儀式が行われてきたといいます。この信仰の底には現存の政治秩序と政治上の権威に対する不信の念があったということなんです。

(『戦時期日本の精神史』岩波書店刊より転載)

【跋文】

痛快で弾力に満ちた文体は……

井上ひさし

この書物の一五頁に「あいぜん文字表」というのが掲げてある。これは著者の阿伊染徳美(あいぜんとくみ)氏の考案になる〈新しいアイウエオ〉であるが——じつはこの書物に関するかぎり「著者」という言い方は当らない、むしろ著述者がふさわしい。また、「書物」よりも「話物(わぶつ)」というべきが似つかわしい。なぜか。それは追い追い判然としてくるはずだ——この文字表は一見に価する。たとえ御用と急ぎがあっても、近くの書店に飛び込んで、この本の一五頁を開いてみられるがよろしい。それだけの値打はきっとある。

この本で言う「かくし念仏」とは、岩手県中部の奥羽山脈寄り（遠野とは東北本線をはさんでちょうど対照の位置にある）和賀町の、前塚見山と鳥ケ森山との合間(あいま)に、二百数十年前から伝えられた、本部本山なし、お布施なし、何もなし、そしてそれ故に、切支丹の教えだろうが何だろうがよいものならなんでも呑み込んでしまう自由自在で融通無礙の念仏宗のことだが、この阿伊染氏は、この二百数十年にわたる念仏宗徒の反抗と連帯の歴史を語り伝えるために、この「あいぜん文字表」を考え出した。語り伝えるためにはコトバが要(い)る。たいていの場合、日本人のコトバは五十音図、つまり標準語とか共通語とかいわれているものとほぼ重なる。というよりもついこっちから重ねてしまう。しかし阿伊染氏は〈五十音図はヤマト文化の産物だ〉として退け(しりぞ)、〈ヤマト文化の産物でこの日高見の国の心が伝わるものか〉とさらに考えを進める。ちなみに日高見とはヒダカミ、すなわち北上のことであるが、さて、そうこうするうちに彼はついに、次のような単純にして明快な定理に到達する。〈要するに、新しい文字、日高見の発音をとり入れた新しいアイウエオを作ればよろしい。その日高見のアイウエオで語り、日高見のアイウエオで書けばよいのだ〉と。

「あいぜん文字表」は、ここにおいてまことに見事にかくし念仏と見合うものとなる。江戸幕藩体制や明治以降の立憲体制、そして現在の中央集権体制にべったりと貼りついて生きてきた「公けの仏教教団」に対する異端としてのかくし念仏、前者を支える共通語化促進の動きに対する異端としての「あいぜん文字表」、これでちゃんと勘定が合う。言うならば、これは異端は異端らしいコトバを持とう、かくれ衆はかくれ衆の肉声を持とう、という一種の宣言書なので、冒頭から結尾の一句まで、身軽るでしなやかで諧謔味に溢れた文体で貫かれているのも、阿伊染氏がそこまで踏み切ったせいであり、その当然の結実なのである。

もうひとつ、この痛快で弾力に満ちた文体は、彼がまず語った、というところに負う。彼は原稿用紙に筆記用具で文字を記すというありきたりのやり方をとらなかった。思想の科学研究会「記号の会」で、会員たちに向って南奥方言で語りかけ、そのときのテープを彼ではなく、記号の会の、ある会員が文字化したのである。言うまでもなくコトバはもともと、まず〈音〉

として在った。その〈音〉を記録するために、やがて文字が考え出された。ところが現在、事情はまるであべこべで、物書きたちはコトバがまず〈音〉だったことをほとんど忘れたかのように、直ちに文字として原稿用紙に書きつける。これはまあ仕方のないことだろうが、さあれ、阿伊染氏はここでも異端の方法をとったのだった。異端の宗教を異端の文字で異端の方法で語り伝える……、なんということれは正統的やりかただろう。この本が堂々として物臆じしない風格を持っているのはこのせいによる。

なお、異端だの、念仏宗徒だのと、おどろおどろしい文字群を連ねたが、これは評者の悪い趣味で、内容はほらふき譚の滑稽や遠野物語の土俗などの化合物、登場するのは、自由で陽気な人たちばかり。この人たちの不屈の魂はいつも「笑い」の衣をまとっており、じつにたのしく読める。文体、というか、語り口のことばかりで終始してしまったが、最後にもうひとつだけつけ加えておくと、この本のいたるところに〈風景〉があって、わたしはそれをすばらしいと思った。それはどのような風景か。それまで語ってしまっては読者の喜びを奪うことになる。そこで一行だけ記せば、ディスカバー・ジャパンというような合コトバに浮かされていわゆる地方へ出かけた人たちにはぜったいに見えたはずのない、地方のほんとうの風景がここには在る。

（『週刊ポスト』一九七八年3／17号より転載）

【跋文】
阿伊染さんの生家を訪ねて

五木寛之

高橋家（阿伊染さんの生家）の仏壇の本尊は阿弥陀如来像だった。その仏壇自体は、真宗門徒の家のものと比べて、なにかが大きく違っているということはない。ただ、こうして長い冬の時期に、雪に包まれて灰色に曇った空の下で見る仏壇は、南国の明るい太陽と青空の下で見る仏壇とは、ずいぶん印象が違う。なんとなく、ろうそくの光まで特別にあたたかい感じがした。

法座を開くときには、本部から本尊の「クロボトケ」（黒仏）を招いて行うらしい。クロボトケというのは、親鸞が自ら彫ったとされる自分の像で、親鸞の没後、その火葬した骨灰をぬりつけたもの、と信じられているという。

「隠し念仏」には、他にも真宗では見られない特徴がいくつかある。大事なものとしては、キリスト教の幼児洗礼に似ている「オモトヅケ」という儀式と、小学校にはいるかはいらないかの子供たちに、きちんとした形で入信させる「オトリアゲ」という儀式があるが、この他にもいろいろな儀式や行事があるという。

高橋氏（阿伊染さんの兄上）も、導師として「オモトヅケ」や「オトリアゲ」「お文開き」「報恩講」などを行っている。お文開きの「お文」というのは、もちろん蓮如の「御文」のことで、高橋氏のお宅には、本当に長い年月、講の行事のときに使われつづけてきて、いままでにそれを持った人の手垢や脂まで染みこんでいそうな「御文」があった。

それにしても、明治、大正、昭和、平成と世の中がどんどん変わってきても、「隠し念仏」の信者たちがその教えを代々受け継いできて、いまでも大きな信仰の力を持っている理由はなんだろうか。また、とくにこの地方に「隠し念仏」の信心が脈々と受け継がれてきたことの根にあるものは、いったいなんなのだろうか。

そんな私の率直な疑問に対して、高橋氏は「結論としては、わからないですね」と首をひねりながら答えた。ただ、岩手のこの地域に「拝む」ということが根づく下地はあったという。念仏も、真宗だけでなく、浄土教の一派である時宗の「踊念仏」もはいっていたということだ。

加えて、この地にはさまざまな伝説や伝承が残っている。たとえば、親鸞二十四輩のひとりである是信房が、布教のためにこの地域に派遣されてきたとき、ある家でご飯をご馳走になり、「ごちそうさま」といって箸を置くと、そこから柏の木が芽をだしたという伝説がある。この是信房の墓は、和賀一柏（現・花巻市栃内）という場所にいまもある。

岩手といえば、柳田国男の『遠野物語』があまりにも有名になってしまったが、遠野以外の地域にも、まだまだたくさんの物語が残っているはずだと思う。

私はこういう物語や伝説や言い伝えが好きだ。それを学問的に考証することよりも、そういう話を地元の人から聞いて、頭のなかでいろいろ想像したほうがずっと楽しいだろうという気がしている。

（『日本人のこころ・2――九州の隠れ念仏　東北の隠し念仏』講談社刊）

あとがき

阿伊染徳美

この本がこうしてもう一度、世の人の前に出される運命は真にありがたく、奇跡にすらおぼえます。最初に着手してからすでに三十年になります。その間にＮＨＫテレビ「宗教の時間」、「女性手帳」、「明るい農村」、「異形の画家」等の番組となり、村野鐵太郎監督の映画「遠野物語」の原作にも使われイタリアのサレルノ映画祭グランプリ、ロンドンのバービカン映画祭特選作品などになったりして海外にも知られ、今日に至るまで、いろいろな意味で私は陰に陽に、自作から逆に影響される年月を送ったのです。

あとがきにしては唐突な話しかもしれませんが、実は今夕、私の生家の「かくし念仏」の導師である兄徳夫より、めずらしいものが仏さまの引き出しの底から見つかったといって一部写しがとどけられました。この引き出しの底は約百十年間ばかり覗かれていなかったのだと私は思います。

一つは綴じめの秘処に山口村河原田高橋宇之助読本と自書された『仙台状』というもと木版刷りの唐詩選でこれにはびっくりと朱筆が入り勉強の跡があり、『仙台状』には明和四（一七六七）年丁亥暦晩秋吉良日とあります。これは「かくし念仏」の発生を宝暦元（一七五一）年と見るとき、わずか十六年後のことです。

もう一つは天保五（一八三四）年の正月に宇之助の子孫高橋新蔵が残したもので、彼は奥州南部和賀の郡山口村肝入り（村長）として、天保二年の米不作の時年貢米を待ってもらう様代表として嘆願していたところ、村の山先立が鉱脈を発見し、そのおかげでお蔵米を納めた証書であります。二人ともに私の家の先祖です。

宇之助も新蔵も書道家でもあり、寺子屋も開き、新蔵は江戸でも勉強し他の藩からも弟子がきていました。「かくし念仏」というのは一般に思われている、東北の無知な貧しい農民の間に広まったもとばかりは言えないだろうと私はここで思うのです。

しかしながらこの念仏の本当の伝播者たちは、字も読めない村の祖母や母たちによるものであったというのが、この本で私が強張したいこと、子孫に伝えたいことだったのです。

三十年ほど前に、思想の科学研究会の「記号の会」という集りに連れて行かれて、そこで自分の体験を語ったところ、同席されていた鶴見俊輔氏より、もっと話を続けて本に発表するようにすすめられ、語り口を生かす方がよいというので、佐々木元氏がテープにとりそれを文字にされました。その文章を私はかれこれ五年ほどかけて仕上げ、一九七七年初版が思想の科学社より出版されたのです。この本を読まれた後に、鶴見俊輔氏や故金達寿氏が私の生家を訪れ、親しく古老と交り泊まっていかれたこともあります。また梅原猛氏も訪ねて来られ、御著『日本の深層』において言及されました。

多くの方々の労を謝さねばなりませんが、特に丸山睦男氏の励まし、編集員の故那須正尚氏の熱意は今もって忘れられません。彼は多田道太郎氏に頼んで本書の題名を頂いてくれたのでした。「わが」は郷里「和賀」と「我が」が懸っていて気に入ったので私は他を思いません。

この信心を内側から学問的に研究した先達の学者は先ず、恩師森口多里先生で、美術評論家でした。外側から研究しようとした学者は高橋梵仙氏でありました。先生は晩年のある日私の本を読まれ、「自分の研究にはまちがいもあり、あなたの方を取りたいのです」と言ってこられ私は非常におどろいたことを覚えています。私は平凡な村びとの姿を残したいのみです。

今度の刊行においては思想の科学社版のものへ新たに二篇を加えました。その上、鶴見俊輔氏、井上ひさし氏、五木寛之氏より貴重な跋文を賜りましたことは、誠にもったいない幸せでございます。心から感謝申し上げます。

終りにこの度出版されるに当っては第一に社会評論社の松田健二社長の英断と励ましなくしてはあり得ませんでした。友人の鵜飼清・絵里香夫妻のご協力にも心から感謝いたします。ここに名前をあげ得なかった多くの方々がおりますことをおわびし、誠心をもってお礼を申し上げます。なお、これの続きとしては、社会評論社より本著と同時刊行される『グリーンマン伝説』となります。

二〇〇四年六月

阿伊染徳美（あいぜん・とくみ）
1935年岩手県北上市生まれ。1954年より福沢一郎画伯に師事。武蔵野美術大学講師を勤める。国画会会員、審査員等を経て現在無所属。1990年英国に移住、銅版画家ピーター・ドブソン画伯に師事するとともに、カサリン・バスフォード教授の弟子となり英国の中世美術・神話（グリーンマン）の研究を続ける。
著書に『阿伊染徳美画集——絵画のかたりべ』（透土社）『グリーンマン伝説』（カサリン・バスフォードと共著、社会評論社）がある。

わがかくし念仏

2004年7月30日　初版第1刷発行

著　者——阿伊染徳美
装　幀——桑谷速人
発行人——松田健二
発行所——株式会社社会評論社
東京都文京区本郷2-3-10
☎03(3814)3861　FAX.03(3818)2808
http://www.shahyo.com
印　刷——スマイル企画＋平川工業社＋ P&P サービス
製　本——東和製本

ISBN4-7845-1441-4